Monika Oboth & Gabriele Seils

Mediation in Gruppen und Teams

Praxis- und Methodenhandbuch

Konfliktklärung in Gruppen, inspiriert durch die Gewaltfreie Kommunikation

MONIKA OBOTH & GABRIELE SEILS

MEDIATION IN GRUPPEN UND TEAMS

PRAXIS- UND METHODENHANDBUCH

KONFLIKTKLÄRUNG IN GRUPPEN, INSPIRIERT DURCH DIE GEWALTFREIE KOMMUNIKATION

Junfermann Verlag
Paderborn
2011

2. Auflage 2006
3. Auflage 2008
4. Auflage 2011

Coverfoto © Jörg Heupel

Covergestaltung / Reihenentwurf Christian Tschepp

Satz Junfermann Druck & Service GmbH & Co. KG, Paderborn

Bibliografische Information der Deutschen Nationalbibliothek

Die Deutsche Nationalbibliothek verzeichnet diese Publikation in der Deutschen Nationalbibliografie; detaillierte bibliografische Daten sind im Internet über http://dnb.d-nb.de abrufbar.

ISBN 978-3-87387-596-8

Inhalt

Für Peter Gruber, Mentor in Wien

Einleitung und Dank

Das vorliegende Buch ist entstanden, um die Verknüpfung von bewährten und klassischen Moderationsmethoden mit den Phasen der Mediation vorzustellen. Ich habe diese Verknüpfung in den letzten zehn Jahren in der Praxis erprobt, sie als spannend und hilfreich erlebt und dokumentiert. Ich möchte dieses Handwerkszeug Menschen zur Verfügung stellen, die im Feld Beratung, Teamentwicklung und Supervision arbeiten und Mediatoren und Mediatorinnen, die ihre Kompetenz in der Konfliktklärung in Gruppen und Teams erweitern wollen.

Die Quellen der einzelnen Methoden sind mittlerweile durch die Weiterentwicklung in den verschiedensten Trainings- und Moderationsfeldern kaum mehr zurückzuverfolgen. Hervorheben möchte ich stellvertretend die Firma METAPLAN als Entwicklerin von klassischen Moderationsmethoden wie z.B. der *Kartenabfrage* und weiteren Visualisierungs- und Arbeitsmethoden auf Flipchart und Pinnwand. Bei zwei weniger bekannten Methoden, *Außenseiter-Ritual* und *Problemdreieck,* gebe ich die Quellen explizit an. Da wir die Urheber und Urheberinnen grundsätzlich würdigen möchten, sind uns Hinweise herzlich willkommen!

Konflikte in Gruppen – das ist ein Thema, das mich seit meiner Kindheit begleitet. Konflikte in der Familie lösen zu wollen und aufgrund eigener Verstrickung nicht lösen zu können – das war eine oft schmerzliche Erfahrung, die mich mit vielen Kollegen und Kolleginnen im Feld Konfliktmanagement verbindet. Jetzt sehe ich, mit Dankbarkeit meinen Eltern und Geschwistern gegenüber, dass genau diese meine Geschichte mich zu dem hat werden lassen, was ich bin und mich durch viele Stationen und persönliche Prozesse in ein Berufsfeld geführt hat, das meine Bedürfnisse nach Sinn, danach einen Beitrag zu leisten und nach Kreativität reich erfüllt.

Später erlebte ich Gruppenkonflikte in Schule und Studium, in Wohngemeinschaften und ersten Anstellungen. Oft war ich in der Rolle derjenigen, die meinte, beide Seiten verstehen zu können. Doch indem ich als Teil der Gruppe helfen wollte, wurde ich zu einer weiteren Spielfigur in der komplexen Dynamik der Konflikte. Ich verfolgte unbewusst mein eigenes Interesse – nämlich den Konflikt loszuwerden –, und konnte damit nicht zu seiner allparteilichen Klärung beitragen.

Meine drängende Frage nach einem friedlichen Zusammenarbeiten und -leben in Teams und Gruppen führte mich über verschiedene Stationen zu einer ungewöhnlichen Ausbildung an der Katholischen Sozialakademie in Wien unter dem Titel *„Kurs für Sozialethik, Wirtschaft und Politik"*. Das Kurskonzept beinhaltete, nach einem Intensivtraining in Gruppendynamik, Kommunikation und Moderation, die zunehmende Selbstorganisation und -moderation durch die Teilnehmenden. Diesem Kurs und dem „Erwerben" eines reichgefüllten „Methodenkoffers" verdanke ich die Grundlage meiner Arbeit mit Gruppen und Teams und letztlich die Basis dieses Buches. Dem Entwickler und Leiter des Kurses, Dr. Peter Gruber, Berater, Führungskäftetrainer und Organisationsentwickler, danke ich für das Vorleben seiner mich tief beeindruckenden und prägenden ***Grundhaltung der Wertschätzung*** in der Arbeit mit Gruppen und Organisationen und seine persönliche Ermutigung und Begleitung, die bis heute anhält.

In der danach folgenden Arbeit mit Gruppenkonflikten stellte ich fest, dass ich durch eine „technische" Anwendung von Methoden wie Kartenabfragen so manche verbalen Schläge unter der Gürtellinie in Teams „wegmoderieren" konnte, aber Zweifel blieben, was die Tragfähigkeit der Gruppenergebnisse und -vereinbarungen anging. Aus diesem unbefriedigenden Gefühl heraus suchte ich die Professionalisierung im Umgang mit Konflikten und fand sie 1995 in einer Mediationsausbildung in Steyerberg unter der Leitung von Christoph Hatlapa und Katharina Sander. Hier traf ich neben der Fortsetzung der wertschätzenden Grundhaltung auf ein ***Vertrauen in den Prozess und in die Potenziale der Streitparteien*** und eine ***Haltung der Empathie***, wie ich sie nie zuvor kennen gelernt hatte. Aus unterschiedlichen spirituellen Wurzeln schöpfend und von der Gewaltfreien Kommunikation nach Marshall B. Rosenberg inspiriert, ermutigten sie uns Teilnehmende, uns und unseren persönlichen Ressourcen zu trauen und gleichzeitig über uns selbst hinauszuwachsen. Ihnen sei dafür ein herzlicher Dank!

Für mich hieß das, den Fokus auf meine eigene Moderations„leistung" und die jeweilige Methode loszulassen und ihn auf den ***unmittelbaren und tiefen Kontakt mit den Konfliktparteien*** zu verschieben. Ebenso löste ich mich von der Last der Verantwortung für den inhaltlichen Prozess und den „Erfolg" der Mediation. Struktur und Methoden dienten fortan als willkommene Unterstützung; im Mittelpunkt jedoch stand die offene Frage: ***Was bewegt die Anwesenden hier und jetzt?*** Die Ausbildung und Zertifizierung in der Gewaltfreien Kommunikation bei Marshall Rosenberg und die Begleitung und das Vorbild durch Beate Ronnefeldt haben mir dabei geholfen, eine Haltung einzunehmen, die von einer – soweit mir möglich – vorurteils- und bewertungsfreien ***Präsenz und dem Zusammenwirken von Mitgefühl und Allparteilichkeit*** gegenüber den Streitparteien, getragen wird.

Ich vergleiche diesen offenen Prozess innerhalb der Mehrparteienmediation gerne mit einem Sprung von einem 5- oder 10-Meter-Turm im Schwimmbad. Bei aller Theorie – ich kann mich vorbereiten, Wassertiefe messen, mentale Übungen machen –, irgendwann heißt es springen, sich einlassen, eintauchen und nass werden. Die Nervosität davor erwischt uns vielleicht immer wieder. Dass gleichzeitig das Bedürfnis nach Sicherheit schützt, um nicht irgendwie und irgendwo hinein zu springen, trifft ebenfalls zu. So tat es gut, sich nicht nur in Mediation, sondern sich auch in verschiedenen angrenzenden Bereichen wie Organisationsentwicklung fort- und auszubilden und sich während der Durchführung von Mediationen supervidieren zu lassen.

Mein Dank gilt heute in erster Linie meiner Co-Autorin Gabriele Seils. Nachdem die Idee gewachsen war, nach zehn Jahren Praxis dieses Buch über Mehrparteienmediation zu schreiben, suchte ich Unterstützung und Bereicherung, um das Projekt zu bewältigen. Ich fand sie in Gabriele Seils, einer von mir hochgeschätzten Mediatorin, zertifizierten Trainerin in Gewaltfreier Kommunikation, erfolgreichen Buchautorin und Freundin. Ich fühlte mich entlastet durch ihre Zusage, den gemeinsam entwickelten Theorieteil des Buches zu verfassen und mich in allen Anliegen des Gesamtmanuskripts zu unterstützen. Ich danke ihr für die vielen Gespräche, Impulse und auch gemeinsamen Erfahrungen von Empathie in beruflichen und privaten Herausforderungen.

Ganz besonders wertvoll für den Praxisteil des Buches war die Inspiration von Nicole Berse und Christian Bähner, Kollegen aus dem Bundesverband Mediation, mit denen mich die intensivste Zusammenarbeit in Mediation und Ausbildung der letzten beiden Jahren verbindet. Beide haben mich auf unterschiedliche Weise in außergewöhnlichem Maße unterstützt. Christian Bähner gilt mein ausdrücklicher Dank für seinen inhaltlichen Beitrag zum Praxisteil während der Schlussredaktion. Er und Nicole Berse stehen neben mir und Gabriele Seils als Kursleiter und -leiterin für das Seminarangebot *„Mediation in Gruppen und Teams. Das Training zum Buch"* zur Verfügung.

Die Weitergabe der Methoden und Erfahrungen der Mehrparteienmediation wäre nicht möglich gewesen ohne die Medianten und Mediatinnen, vielen Menschen in Teams und Gruppen, die uns die Moderation ihres Konfliktlösungsprozesses anvertraut haben. Ihnen danke ich herzlich und hoffe, dass die gefundenen Vereinbarungen ihre Konflikt- und Teamerfahrung angenehm bereichert haben. Alle Fallbeschreibungen im Buch beruhen auf Echtfällen; allerdings wurden zum Schutz der Medianten und Organisationen alle Orte, Namen, Branchen und inhaltlichen Aussagen anonymisiert.

Sehr verbunden bin ich allen Teilnehmenden der Mediationsausbildungen, die mit dem Praxisteil des Buchmanuskriptes bereits trainiert haben und uns vielfältiges Feedback und Wertschätzung haben zukommen lassen! Hervorheben möchte ich Daniela Spring, Leiterin der Akademie im Park/Wiesloch, die sich dankenswerter Weise die Zeit nahm, Korrektur zu lesen und Gestaltungsvorschläge anzubieten.

Was wäre ein schönes berufliches Projekt ohne die Übereinstimmung mit der eigenen Familie, die diese Arbeit unterstützt, weil sie sie selbst sinnvoll findet! Für seine mentale und praktische Unterstützung und für die intensive Mitarbeit in der Schlussredaktion bin ich meinem Mann Frank Oboth dankbar. Meinem Sohn Jan-Dominik danke ich für sein reges Interesse und seine Wertschätzung für meinen Beruf als Mediatorin.

Ich wünsche allen Lesern und Leserinnen, dass dieses Buch sie in ihrem Umgang mit (Gruppen)Konflikten unterstützt und inspiriert!

4. Mai 2005
Monika Oboth

THEORIETEIL

1. Was ist Mediation?

Einleitung

Mediation ist ein Verfahren zur Vermittlung in Konflikten. Konfliktpartner können zwei Personen sein oder mehrere Parteien. Mehrparteienmediation findet innerhalb von Teams oder auch zwischen verschiedenen Gruppen statt. In diesem Buch beschäftigen wir uns mit der speziellen Wirkungsweise von Konflikten in Teams und Gruppen in Unternehmen und Organisationen. Wir wollen im folgenden theoretischen Einführungskapitel einen Einblick geben in Mediation als Methode und in die Haltung, die wir damit verbinden. Außerdem werden wir gruppendynamische Aspekte von Konflikten beschreiben: klassische Eskalationsmechanismen in Gruppenkonflikten und hilfreiche Strategien im Umgang mit Aggression. Schließlich wird ein Einblick in die systemische Betrachtung von Konflikten in Gruppen und in die Rolle von Rängen und Hierarchien den Theorieteil abschließen.

Konflikte sind der tragische Ausdruck unerfüllter Bedürfnisse

Dieses Zitat von Marshall Rosenberg, auf dessen Methode der „Gewaltfreien Kommunikation" wir noch genauer eingehen werden, fasst die komplexe Dynamik von Konflikten in einem Satz zusammen und ist die Grundannahme, mit der wir in der Mediation arbeiten.

Wir gehen davon aus, dass hinter jedem Konflikt menschliche Bedürfnisse stehen, die legitim und wichtig sind, weil sie der Lebendigkeit und dem Wachstum eines jeden Menschen dienen. Konflikte entstehen also überall dort, wo Menschen in ihren Bedürfnissen eingeschränkt sind. Und dazu gehören neben den Grundbedürfnissen Nahrung, Schutz und Sicherheit auch Bedürfnisse nach Wertschätzung, Respekt, Autonomie und Verständnis.

Der erste Schritt, den es in der Klärung eines Konfliktes zu machen gilt, ist also: auszusteigen aus dem uns allen so vertrauten Muster: Wer hat Schuld und warum?

Als Mediatorin unterstützte ich alle beteiligten Parteien darin, herauszufinden, was an der Wurzel eines Problems liegt, d.h. welche Bedürfnisse hinter den kontroversen Positionen liegen. Es ist dieser Schritt, der die Klärung ermöglicht und eine – oft unverhoffte – Lösung des Konfliktes beschert.

Im Prozess der Mediation gibt es einen höchst sensiblen, fast magischen Moment, den wir „das Nadelöhr“ nennen. Das Bild soll zeigen, dass etwas ganz Neues entstehen kann, wenn man bereit ist, die eingefahrenen Bewertungen und Vorstellungen vom Gegenüber hinter sich zu lassen.

Das Konfliktmodell der Mediation

Mediation geht von einem Konfliktmodell aus, das sich grundlegend von den herkömmlichen juristischen Verfahren unterscheidet. In Abgrenzung zu gerichtlichen Verfahren geht es Mediatorinnen* nicht darum, herauszuarbeiten, wer Recht hat, und auch nicht darum, eine vermeintlich objektive Wahrheit zu finden.

Wir gehen von der Annahme aus, dass die Konfliktparteien die Lösung in sich tragen, weil sie selbst die Experten für ihren Konflikt sind. D.h., dass es nur eine wirklich tragfähige Lösung für einen Konflikt gibt, nämlich die, die beide Konfliktparteien gemeinsam entwickeln.

In der Mediation spielt das Sich-Mitteilen, das gegenseitige Zuhören eine wichtige Rolle. Ein Mediator ist dafür verantwortlich, dass dies in konstruktiver Weise geschieht und dabei die wesentlichen Konfliktpunkte herausgearbeitet werden. Wesentlich ist, dass die Parteien zu jeder Zeit aktiv am Klärungsprozess beteiligt sind.

In der Mediation geht es dabei nicht nur um die Regelung des Konflikts an der Oberfläche, sondern es geht vor allem darum, die Beziehungen zwischen den Konfliktparteien auch im Hinblick auf die Zukunft zu verbessern. Auf diese Weise wird nicht nur eine tragfähige und nachhaltige Lösung gefunden, sondern auch die Basis für eine offene und gestärkte Konfliktkultur gelegt.

Ziel der Mediation ist, die Mediantinnen dabei zu unterstützen, eigenverantwortlich eine ihnen angemessene Lösung für ihr Spannungsfeld zu finden. D.h. dass es keinen Sieger oder Verlierer gibt, sondern: Alle Beteiligten verlassen die Mediation mit dem Gefühl, etwas dazugewonnen zu haben.

Die Teilnahme an einem Mediationsprozess beruht auf absoluter Freiwilligkeit. Der Mediationsprozess kann zu jedem Zeitpunkt sowohl von den Medianten als auch vom Mediator unterbrochen, abgebrochen oder vertagt werden. Am Abschluss der Mediation steht eine schriftlich dokumentierte Vereinbarung. Die Vereinbarungen enthalten die gemeinsam definierten Lösungsstrategien und umzusetzenden Maßnahmen, die – wenn von den Konfliktparteien unterzeichnet – verbindlich sind.

---

* Die weibliche und männliche Form haben wir im Text abwechselnd eingesetzt.

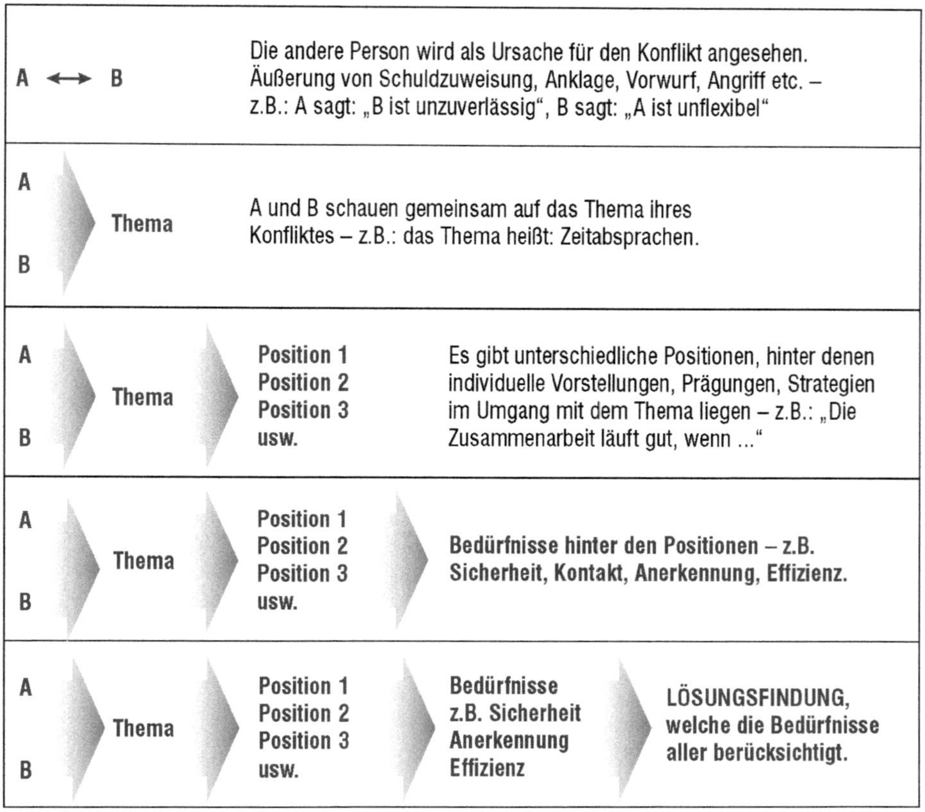

Abb. 1

Täter, Opfer, Retter

Einhergehend mit der Vorstellung von Recht und Unrecht, scheint es in Konfliktsituationen oft auf der einen Seite einen Bösen zu geben und auf der anderen Seite ein unschuldiges Opfer. Und das ruft häufig eine dritte Instanz auf den Plan, nämlich den so genannten Retter.

Der Retter will das Opfer unterstützen, es beschützen oder ihm helfen und wird dadurch selbst Teil der Konfliktdynamik. Wenn wir dieses Modell auf die Situation in Unternehmen und Organisationen übertragen, dann kann der Retter ein Kollege sein, der Betriebsrat, eine Führungskraft oder das Arbeitsgericht.

Die Rollen von Opfer, Täter, Retter können sich schnell verschieben: Indem der Retter den Täter anklagt oder bestraft, wird er selber zum Täter, der Täter wird zum Opfer. Oder das Opfer greift den Retter an und wird somit zum Täter (der Retter wird zum Opfer), indem er sagt: „Misch dich da nicht ein." In dem Moment wird womöglich der Täter zum Retter und verteidigt das Opfer ... usw.

Das so genannte Dramadreieck aus Täter, Opfer und Retter wurde von der Transaktionsanalyse entwickelt. Es zeigt auf, was passiert, wenn ein Dritter in die Konfliktdynamik eingreift und nicht außerhalb des Konflikts bleibt und beide Seiten allparteilich im Blick hat.

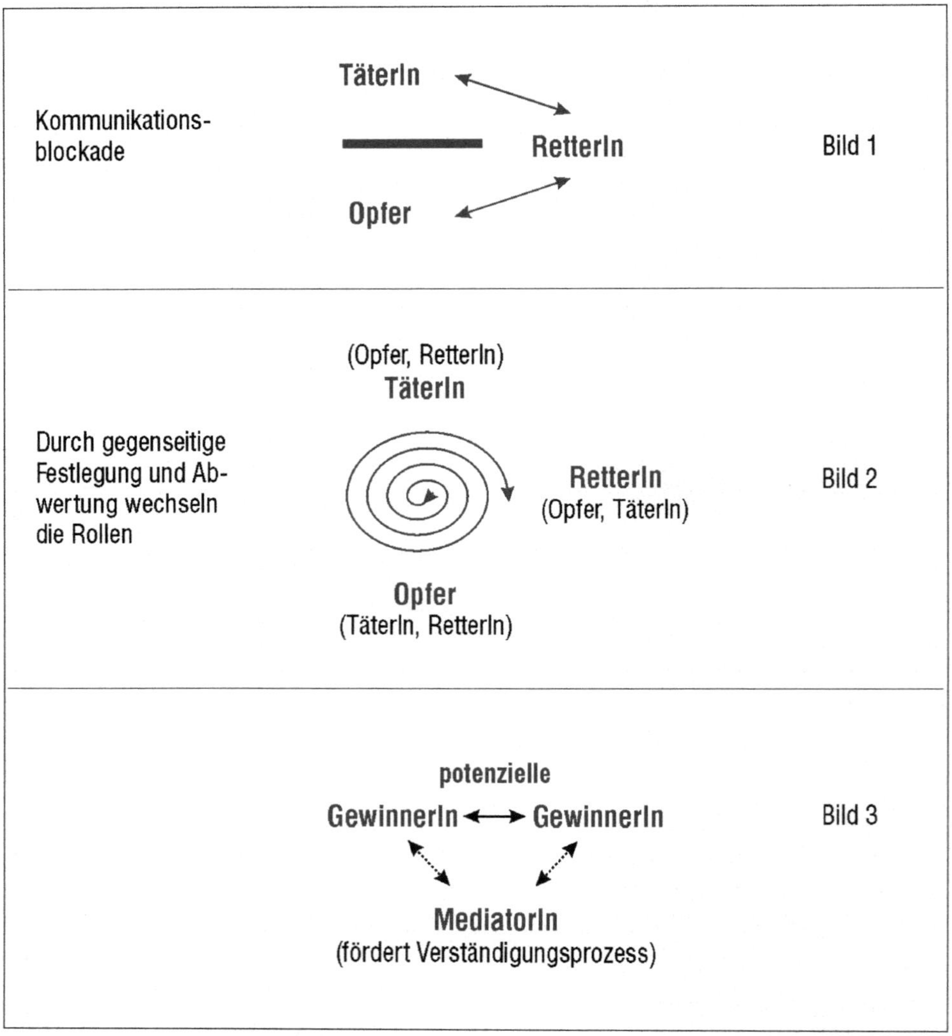

Abb. 2: Dramadreieck

Grundgedanke der Mediation ist das so genannte Win-Win-Modell. Das heißt: Beide Seite gewinnen etwas dazu. Ziel der Lösungsverhandlung ist, dass wirklich alle Beteiligten zufrieden aus dem Prozess hervorgehen. Dabei haben wir die Erfahrung gemacht, dass es den Konfliktparteien in dem Moment, in dem die Bedürfnisse aller Beteiligten Wertschätzung erfahren haben, gar nicht mehr vorrangig darum geht, die eigenen Ideen durchzusetzen, sondern darum, eine Lösung zu finden, die auch für das Wohl des Gegenübers sorgt.

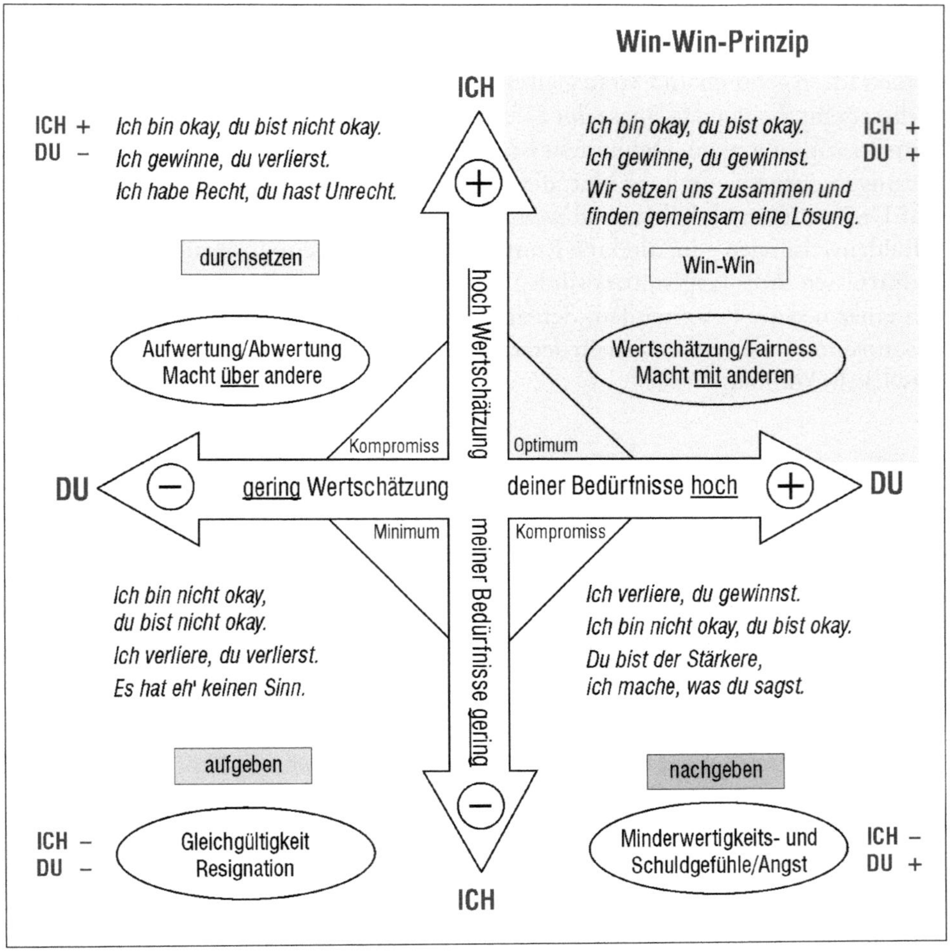

Abb. 3: Win-Win-Prinzip (angelehnt an die „Schule für Mediation“, 2003)

Die Perspektive der Konfliktparteien auf ihre momentane Situation ist anfangs eine defizitäre. Wenn nun die Unzufriedenheit, die Sorgen, Ängste und die Wut einer Person empathisch aufgenommen werden, wenn der „Vulkan" sich entleeren darf, wenn die dahinter liegenden Bedürfnisse Gehör finden und Raum bekommen, verändert sich meist etwas ganz Entscheidendes in der Haltung der sich streitenden Personen. Körperlich sind klassische Anzeichen diese Momentes: Die Menschen fangen an, sich zu entspannen, sie sinken in den Sessel zurück, atmen hörbar aus – als würde ihnen eine schwere Last abgenommen. Innerlich sind sie nun viel eher bereit, sich dem Gegenüber zu öffnen als vorher. Oft kommen in diesem Moment Themen ans Licht, die vorher gar nicht von den Teilnehmenden der Mediation angesprochen worden waren, ihnen vielleicht gar nicht als Konfliktursache bewusst waren. Aus dieser neuen Energie heraus können die Konfliktparteien Verständnis für die andere Seite entwickeln, es werden Ideen geboren und Strategien entwickelt, die vorher gar nicht denkbar waren. In dieser entscheidenden Phase der Deeskalation und Annäherung beginnt das Win-Win-Prinzip zu wirken. Denn meist ist es für die Beteiligten eine der wertvollsten Erfahrungen, wenn sie in ihrer Not, die der Konflikt verursacht, Verständnis erfahren und Unterstützung erhalten und wenn sie – anstelle der gewohnten Vorwürfe und Schuldzuweisungen – im direkten Kontakt mit den tieferen Motivationsgründen und Bedürfnissen ihres Gegenübers sind. Das heißt, der Mediationsprozess begleitet sie von einer negativ bewertenden, defizitären Perspektive zu einer empathischen und ressourcenorientierten, innerhalb derer sich wieder konstruktive Handlungsoptionen entwickeln können.

Die Geschichte der Mediation

Der Begriff Mediation leitet sich ab von dem englischen Wort to mediate (= vermitteln). Mediation ist in der hier beschriebenen Form in den 60er Jahren in den USA entstanden, stark geprägt von der Bürgerrechts- und Friedensbewegung und dem Menschenbild der Humanistischen Psychologie.

Die Mediation – so wie sie heute praktiziert wird – hat sich in den USA als Konfliktlösungsverfahren schnell etablieren können, weil es ein Verfahren ist, das zügig tragfähige Ergebnisse erzielt und eine Alternative zum kosten- und zeitintensiven Rechtsweg darstellt. Aufgrund ihrer Erfolge wird die Mediation als außergerichtliches Vermittlungsverfahren besonders im Bereich Familien- und Scheidungsrecht, im Schulbereich und bei arbeitsrechtlichen Konflikten, bei Erbschaftskonflikten, Nachbarschaftsstreitigkeiten und sogar bei strafgerichtlichen Verfahren eingesetzt (der so genannte Täter-Opfer-Ausgleich).

In Deutschland beginnt sich die Idee der Mediation seit den 90er Jahren zunehmend zu verbreiten. Personen aus Personalberatung, Führungsmanagement, aus Lehrberufen, aus der Sozialpädagogik, aus dem Rechtswesen, Coaching, Moderation etc. lassen sich zu Mediatoren und Mediatorinnen ausbilden, um für interne Konflikte ihre Konfliktkompetenz zu stärken und/oder in externen Konfliktfällen als neutrale Instanz zu vermitteln.

Die Grundidee der Mediation – das Hinzuziehen eines unparteiischen Dritten und die Einbeziehung aller Konfliktparteien – ist so alt wie die Menschheit und hat in vielen Kulturen eine lange Tradition. Die frühen Wurzeln dieses Konfliktlösungsmodells liegen in fernöstlichen und afrikanischen Kulturen. In China und Japan spielte die alternative Konfliktbehandlung seit jeher eine große Rolle, da Konsens und Kooperation in der chinesischen und japanischen Kultur ein wichtiger Bestandteil der sozialen Identität darstellen. Mediative Verfahren wurden dort bereits vor 2000 Jahren angewendet und sind bis heute ein fester Bestandteil der Abwicklung von Konflikten im privaten und öffentlichen Bereich.

In afrikanischen Dörfern ist es eine alte, in manchen Gegenden bis heute praktizierte Tradition, die Streitfälle zwischen zwei Personen unter „Palaver-Bäumen" zu regeln. Die Kontrahenten besprechen ihr Problem im Beisein eines alten Weisen, der ihnen hilft, ein Einvernehmen zu finden. Auch in der jüdischen Tradition hat der Rabbi seit jeher die Rolle desjenigen, der Konfliktparteien berät und sie jenseits festgefahrener Positionen zu einer höheren Wahrheit führt.

Anwendungsgebiete

Mediation wird zum einen im privaten Bereich, in Familien- und Partnerschaftskonflikten angewandt, zum anderen am Arbeitsplatz sowie in sozialen und politischen Kontexten. Wir finden sie in sozialen Einrichtungen, Nachbarschaftsheimen, Vereinen, Verbänden, Behörden, Schulen und anderen pädagogischen und ausbildenden Institutionen. Ein weiterer Bereich ist die Mediation zwischen politischen Organisationen wie Bürgerinitiativen und Regierungsgremien, z.B. bei Umweltkonflikten, bei ethnischen und interkulturellen Konflikten, bei zwischenstaatlichen und militärischen Konflikten. Mediation wird zunehmend im wirtschaftlichen Sektor eingesetzt, in Betrieben, Organisationen, im Bauwesen, bei unternehmensinternen Konflikten und bei Verhandlungen, Fusionen und Joint-Ventures. Ebenso ist sie erfolgreich in der öffentlichen Verwaltung und im Gesundheitsbereich.

Die Phasen der Mediation

Jeder Mediationsprozess durchläuft – vom Einstieg bis zum Abschluss – typische Dynamiken, die in 5 Phasen aufgeteilt werden. Auf die Details jeder einzelnen Phase gehen wir im Praxisteil genauer ein. Eine Mediation wird die Phasen nicht schrittweise, planbar oder linear durchlaufen, sie ist eher ein lebendiger Prozess, der seiner eigenen Logik folgt. Die einzige Phase, die halbwegs planbar ist, ist die 1. Phase, in der die Medianten begrüßt und die Vereinbarungen für die Mediation besprochen werden. Im Anschluss daran wechselt der Prozess hin und her: Von der Darstellung des Konflikts (Phase 2), dem Herausarbeiten der Interessen hinter den Positionen (Phase 3) und der Lösungsfindung (Phase 4) bewegt er sich mal nach vorn, mal zurück, bevor die Mediation mit der Vereinbarung zwischen den Konfliktparteien (Phase 5) abgeschlossen werden kann. In stark eskalierten Konflikten ist es sinnvoll, Einzelgespräche zu führen, bevor sich die Konfliktparteien an einen Tisch setzen, damit die Mediantinnen im geschützten Zweiergespräch erst einmal einen Teil ihrer oft heftigen Gefühle, wie Wut, Sorge, Angst, loswerden können, ohne Angst davor haben zu müssen, vor Arbeitskollegen ihr Gesicht zu verlieren, besonders in Kontexten, in denen offene Gefühlsäußerungen nicht üblich sind.

Einzelgespräche können auch in anderen Phasen der Mediation sinnvoll sein. Es kann sehr produktiv für den Prozess sein, wenn einzelne Aspekte des Konfliktes ohne die Unterbrechungen und Kommentare der Gegenseite angesprochen werden können.

Die fünf Phasen der Mediation in Gruppen und Teams	
Vorgespräch	***Telefonisch oder persönlich*** → Termin, Ablauf
Phase 1	***Den sicheren Rahmen schaffen: Klärung von*** → Verfahren → Vereinbarungen → Verantwortung
Phase 2	***Erhebung des Konflikts*** → Konfliktparteien stellen ihre Positionen aus ihrer Sicht dar → Mediationsteam fasst zusammen → Thema wird festgelegt
Phase 3	***Konfliktbearbeitung*** → Motive, Interessen, Bedürfnisse hinter den Positionen → Wünsche zur möglichen Lösung
Phase 4	***Lösungssuche*** → Sammeln von Ideen → Verhandlung
Phase 5	***Maßnahmensicherung*** → Schriftlich formulieren, unterschreiben
Nachgespräch *(bei Bedarf)*	***Auswertung*** *Bei Bedarf:* → Neuverhandlung der Vereinbarungen

Abb. 4

Die Rolle des Mediators oder der Mediatorin

Die Mediation ist ein „asketisches" Beratungsverfahren. Ein Mediator gibt keine Analysen bzw. Beurteilungen über die Situation und er bietet auch keine Veränderungsvorschläge an. Für jemanden, der aus der Supervision, dem Coaching oder der Organisationsentwicklung kommt, bedeutet das unter Umständen ein radikales Umdenken.

Als Mediatorinnen haben wir die Bedürfnisse *aller* Konfliktparteien im Blick. Wir sind also „all"-parteilich, behandeln alle Informationen vertraulich und vertreten keine eigenen Interessen.

Vorraussetzung für die Mediation ist, dass wir als Mediatorinnen von allen am Konflikt beteiligten Parteien als Vertrauenspersonen akzeptiert werden. – Wir sind für die Moderation eines konstruktiven Gesprächsprozesses und einer fairen Lösungsfindung und nicht für den Inhalt der Vereinbarungen verantwortlich. Wir sorgen dafür, dass die Gesprächsvereinbarungen eingehalten werden. Wir garantieren den Parteien eine professionelle Begleitung, indem wir einen sicheren Rahmen vorgeben und die Konfliktparteien bei der Konflikterhebung unterstützen. Wir laden die Konfliktparteien dazu ein, die Situation aus ihrer Sicht zu schildern und sich gegenseitig dabei zuzuhören, was den Konfliktparteien natürlich im „Eifer des Gefechts" oft schwer fällt. Wir unterstützen sie darin, sich gegenseitig zuzuhören, indem wir eine Art Übersetzer-Rolle einnehmen: Wir formulieren die Schuldzuweisungen und Anschuldigungen der Medianten um in Interessen und Bedürfnisse. – Dabei setzen wir nach Absprache mit den Medianten verschiedene Interventionstechniken und Methoden (siehe Praxisteil) ein, die ihnen für den Klärungs- und Lösungsfindungsprozess förderlich sind.

Ein Mediator tritt nur insofern als beratende Instanz auf, als er aufgrund seines fachlichen Wissens und seiner Erfahrung hilfreiche Fragen stellt, das Gespräch strukturiert und die Vereinbarungen durch einen Maßnahmenkatalog sichert.

Er macht von sich aus keine Vorschläge, was die Veränderung der Situation angeht. Er kann aber mögliche Konsequenzen des Konfliktes aufzeigen, indem er darauf hinweist, was eine Einigung oder Nichteinigung für das Team, das Unternehmen, das Betriebsklima, die Kundenzufriedenheit und die Zukunft der Qualität der Zusammenarbeit bedeuten könnte.

Mediation ist ein sensibler Balanceakt aus strukturgebenden und prozessorientierten Interventionen. Viel hängt von dem intuitiven Gespür und dem individuellen Stil der Mediatorin ab. In manchen Situationen ist es sinnvoll zu zweit zu arbeiten, einen Co-Mediatior oder eine Co-Mediatorin einzuschalten. Besonders in Gruppen-Mediationen lässt sich der Prozess durch eine unterschiedliche Rollenverteilung des Mediationsteams differenzierter begleiten. Wir manipulieren den Gesprächsverlauf in keiner Weise, haben kein eigenes Ziel vor Augen und fühlen uns nicht für das Ergebnis der Mediation verantwortlich. Es geht darum, Präsenz und Aufmerksamkeit im Kontakt mit den Medianten zu zeigen und gleichzeitig den Überblick über den Prozess zu behalten.

Grundlegende Methoden des Zuhörens

1. Aufnehmendes, einfühlsames Zuhören

- Schweigen, Präsenz
- Mit ganzer Aufmerksamkeit bei der sprechenden Person sein
- Offener, interessierter Blickkontakt
- Zuhörsignale: *„mhm“, „ja“, „aha“* etc.
- Entspannte, zugewandte Körperhaltung

Ziel: Zum Sprechen und Vertiefen einladen. Inhalte und Befindlichkeit des Gegenübers konzentriert aufnehmen.

2. Aktives Zuhören (Paraphrasieren)

- Das Gehörte in eigenen Worten sinngemäß wiederholen.
- Die eigene Meinung, Bewertungen und Ratschläge außen vor lassen.
- Nach drei bis fünf Sätzen das für die sprechende Person Wichtige oder Zentrale wiederholen.
- Kurz in eigenen Worten zusammenfassen.
- Hilfreiche Fragen stellen: *„Wie kam es dazu?“, „Was hat dazu geführt, dass ...?“*
- Keine Warum-Fragen, das führt zu unnötigen Erklärungen und Rechtfertigungen.

Beispiele:
„Habe ich Sie richtig verstanden, dass ...“
„Ihnen geht es also vor allem darum ...“
„Ich höre bei Ihnen ...“,
„Wenn ich es richtig verstanden habe, ist es für Sie wichtig ...“

Ziel: das Gespräch strukturieren, Verständnis vermitteln, das Thema zentrieren und vertiefen.

3. Empathisches Spiegeln

- Das Zuhören und Verstehen richtet sich auf die Gefühle und Bedürfnisse.
- Gefühle und Bedürfnisse heraushören und benennen.
- Dabei auf einen wertschätzenden und fragenden Tonfall achten.
- Auf Ratschläge und Bewertungen verzichten.

Beispiele:
„Das ist Ihnen sehr wichtig, oder?“
„Das hört sich irgendwie resigniert an.“
„Sind Sie frustriert, wenn Sie (...) hören, weil Sie (...) benötigen?“

Ziel: Die Person fühlt sich in ihrer Situation anerkannt und verstanden. Das Gespräch schafft eine tiefe Verbindung. Aus den Gefühlen und Bedürfnissen können konkrete Strategien und Wünsche zur Bedürfniserfüllung entstehen.

Abb. 5

2. Die Methode der Gewaltfreien Kommunikation nach Marshall B. Rosenberg

Der amerikanische Psychologe und Konfliktforscher Marshall Rosenberg hat die Methode der Gewaltfreien Kommunikation in den 60er Jahren während seiner Arbeit in Anti-Rassismusprojekten in den Ghettos U.S.-amerikanischer Großstädte entwickelt. Dabei hat er immer wieder festgestellt, dass der goldene Schlüssel bei der Suche nach effektiven Formen der Konfliktlösung in Krisensituationen eine innere Ressource ist, die jeder Mensch in sich trägt: **Empathie**.

1. Beobachtung versus Bewertung

Der erste Schritt der Gewaltfreien Kommunikation bringt einen zentralen Aspekt der Haltung zum Ausdruck, mit der wir in der Mediation arbeiten. Es geht um die Frage: Was ist – wertfrei betrachtet – passiert? Wie kann die Situation, die den Konflikt ausgelöst hat, beschrieben werden, ohne die beteiligten Personen negativ zu bewerten oder gar zu verurteilen? Dieser erste Schritt stellt bereits eine große Herausforderung dar. Auf die Fragen: „Was ist passiert?“, „Bitte beschreiben Sie die Situation aus Ihrer Sicht“ wird von den Medianten in den seltensten Fällen eine wertfreie Beobachtung kommen, sondern bereits eine Interpretation inklusive Schuldzuweisung. Das ist üblich und menschlich, denn wenn großer Leidensdruck besteht, haben wir meist keinen Blick für das komplexe Zusammenwirken von Konfliktdynamiken und auch nicht den Abstand, den es bräuchte, um die Situation von einer Meta-Ebene aus zu betrachten. Um ein Konfliktgespräch zu strukturieren und zu moderieren, um Hintergründe herauszuarbeiten und den Sachverhalt immer wieder auf die Beobachtungsebene zu bringen, bedarf es oft einer neutralen bzw. allparteilichen Instanz, wie der des Mediators.

2. Die Funktion der Gefühle

Konflikten liegt eine wichtige Triebkraft zu Grunde: Gefühle. Das Wort Emotion kommt aus dem Lateinischen: *movere,* sich bewegen, wobei das Präfix „e“ bedeutet:

sich aus etwas herauszubewegen. Das heißt: Jede Emotion ist ein Impuls aus einer bestimmten Lage, einem angenehmen oder unangenehmen Zustand eines erfüllten oder unerfüllten Bedürfnisses. Die Bewegung *(movere)* führt zum Handeln, um den momentanen Zustand auszudrücken, zu erhalten oder zu verändern.

Dass Emotionen zu aktivem Handeln führen, kann man bei Kindern beobachten. Als Erwachsene haben wir gelernt, die Handlungsimpulse von Emotionen nicht immer auszuagieren. Das hat natürlich eine Menge Vorteile: Reflexionsvermögen, die Möglichkeit, Entscheidungen abzuwägen und Strategien zu entwickeln.

Konstruktiv mit Gefühlen umgehen heißt: den Handlungsimpuls in eine produktive, bedürfnisorientierte Strategie umzuwandeln. Denn unausgesprochene Gefühle und ungelöste Konflikte lösen sich nicht von selber auf. Unbearbeitet bleiben sie als Impuls im Körper stecken. Das hat langfristig unangenehme, sogar zerstörerische Konsequenzen in Bezug auf das Wohlbefinden, auf die Beziehungen, die Leistungsfähigkeit, auf die psychische und körperliche Gesundheit.

Ab und zu hören wir die These: „Gefühle gehören in den privaten Bereich, in beruflichen Kontexten haben Gefühle nichts zu suchen." Es gibt keinen Konflikt ohne Gefühle. Wenn die Gefühle in einem Konflikt offen gelegt werden, ist es oft überhaupt erst möglich, die Gefühls- und die Sachebene zu trennen.

Gefühle sind wie das Signallämpchen im Auto: Sie informieren uns darüber, wenn der Tank leer ist und aufgefüllt werden muss. Gefühle sind unsere Agenten, sie geben uns Auskunft über unsere Bedürfnislage. Sind unsere Bedürfnisse erfüllt oder nicht? Unangenehme Gefühle wie Hilflosigkeit, Wut oder Frustration weisen auf unerfüllte Bedürfnisse hin. Angenehme Gefühle wie Freude, Gelassenheit oder Zuversicht weisen auf erfüllte Bedürfnisse hin.

Im Konfliktklärungsprozess ist es hilfreich, die Gefühle der Mediantinnen anzuerkennen und zu benennen. Das wirkt sich deeskalierend auf die Situation aus. Indem wir die Gefühle ansprechen, kommen wir in Kontakt mit den Medianten. Die Medianten erleben sich gegenseitig in einer tieferen Emotionalität. Das ermöglicht eine Verbindung, in der sie sich gegenseitig sehen und gesehen fühlen. Wir achten darauf, beim Benennen der Gefühle diese möglichst direkt mit Bedürfnissen zu verbinden: „Sind Sie frustriert, weil Sie Verlässlichkeit im Team brauchen?" oder: „Sie sind richtig genervt? Benötigen Sie Klarheit und Zuverlässigkeit in den Absprachen, um effektiv arbeiten zu können?"

Wut und Ärger werden in der Gewaltfreien Kommunikation „Sekundärgefühle" genannt, sie basieren auf negativen Bewertungen und Gedanken über eine andere Person, wie: „Sie ist unfähig", „Er hat Unrecht", „Das darf oder sollte er nicht tun".

Unter den Sekundärgefühlen liegen auf einer tieferen Ebene immer andere, schmerzhafte Gefühle, so genannte Primärgefühle wie Hilflosigkeit, Ohnmacht, Traurigkeit oder Angst. Wut und Ärger entstehen also, wenn ich ein Primärgefühl wie z.B. Traurigkeit bei mir selbst durch ein Urteil über eine andere Person – „So ein gemeiner Hund“ – umwandele und so nach außen richte.

Unter der Oberfläche liegen bei den an Konflikten beteiligten Menschen sehr oft Scham- und Schuldgefühle. Sie entstehen, wenn Menschen ihre Wut gegen sich selber richten, sich selbst oder ihr Verhalten negativ bewerten. Darunter liegen fast immer schwer zugängliche Primärgefühle wie Schmerz und/oder Trauer darüber, dass jemand in einer bestimmten Situation gerne anders gehandelt hätte.

Auch hier arbeiten wir beim Zuhören die darunter liegenden Primärgefühle und unerfüllten Bedürfnisse heraus, wenn es im Mediationskontext angemessen und dem Prozess zuträglich ist.

3. Die Rolle der Bedürfnisse

Der Begriff „Bedürfnisse“ beschreibt etwas, was man auch Lebensenergie nennen könnte. Alles, was wir tun, tun wir aufgrund von Bedürfnissen. Wenn wir einen bestimmten Beruf wählen, Freunde haben, in einer Partnerschaft leben, wenn wir ein Musikinstrument spielen, Gartenarbeit lieben, Tanzen gehen, dann erfüllen wir damit unsere Bedürfnisse nach Sinn, Zugehörigkeit, Kontakt, Entwicklung und Kreativität.

All diese Bedürfnisse spielen auch in unserem Arbeitsalltag eine wichtige Rolle.

Wenn die Lebensenergie in jedem Moment ungehindert fließen kann, ist das ein Zeichen dafür, dass wir gut für unsere Bedürfnisse gesorgt haben, dass wir ein **erfülltes** Leben führen. Jedes Bedürfnis dient dem Leben, insofern gibt es keine negativen Bedürfnisse. Es gibt allerdings weniger effektive oder auch destruktive Strategien, um sich Bedürfnisse zu erfüllen. Wenn ein Mitarbeiter z.B. die Abteilungsleiterin bei den Kollegen schlecht macht, weil er denkt, er sei ungerecht behandelt worden, versucht er damit, sein Bedürfnis nach Anerkennung seiner Leistung zu erfüllen. Es ist offensichtlich, dass er mit der Strategie, die er gewählt hat, eher das Gegenteil erreicht.

Bedürfnisorientierung heißt: den Fokus auf Ressourcen statt auf Defizite zu richten. Wenn der Mitarbeiter sich seines Bedürfnisses bewusst wäre, könnte er um ein Gespräch mit der Abteilungsleiterin bitten und seine Frustration (Gefühl) zum Ausdruck bringen und darlegen, was er bräuchte (Bedürfnis) und eine konkrete Bitte äußern, um die Zusammenarbeit zu verbessern.

Wenn ein Mediant zu seinem Gegenüber sagt: „Sie verstehen mich doch sowieso nicht“, dann teilt er sein Bedürfnis nach Verständnis mit. Es ist nicht immer einfach, einen Vorwurf in ein Bedürfnis zu übersetzen.

Das Übersetzen von Angriffen und Vorwürfen in Bedürfnisse ist auch deshalb so effektiv, weil alle Menschen im Grunde die gleichen Bedürfnisse haben. Bedürfnisse sind universal. Das heißt, Mediant A kann sich ganz anders mit der Situation von Mediant B identifizieren, wenn er erfährt, dass es B zum Beispiel um Sicherheit geht, denn dieses Bedürfnis hat er auch bzw. kennt er von sich selbst.

Wenn A sagt: „Ich habe das Bedürfnis, dass die Geschäftsführung ausgetauscht wird", dann ist das eine Strategie zur Erfüllung eines Bedürfnisses. Das Bedürfnis dahinter kann alles Mögliche sein: nach beruflicher oder finanzieller Sicherheit, nach Mitsprache und Mitbestimmung, nach Anerkennung, danach, seiner Verantwortung gegenüber dem Unternehmen, den Mitarbeitern nachzukommen etc.

BEDÜRFNISSE, die allen Menschen gemeinsam sind

Bitte beachten: „The map is not the landscape" = Die Landkarte ist nicht die Landschaft, d.h. gehen Sie wirklich in Kontakt mit den Bedürfnissen, dann sind die Formulierungen (die richtigen Wörter) zweitranging. Wichtig ist, dass sich Ihr Gegenüber verstanden fühlt!

AUTONOMIE
Freiheit, Selbstbestimmung

KÖRPERLICHE BEDÜRFNISSE
Luft, Wasser, Bewegung, Nahrung, Schlaf

INTEGRITÄT/STIMMIGKEIT MIT SICH SELBST
Authentizität, Einklang, Eindeutigkeit

SICHERHEIT
Schutz, Übersicht, Klarheit

EINFÜHLUNG
Empathie, Verständnis

KONTAKT
Wertschätzung, Nähe, Zugehörigkeit, Liebe/Intimität, Unterstützung, Ehrlichkeit, Gleichbehandlung, Verbindung

ENTSPANNUNG
Erholung, Ausruhen, Spiel, Leichtigkeit, Ruhe

SPIRITUALITÄT
Harmonie, Inspiration, „Ordnung", innerer Friede, Feiern

SINN/BEDEUTUNG
einen Beitrag leisten, Entwicklung, Wachstum, Anerkennung, Feedback, Rückmeldung, Gelingen

Abb. 6

4. Die konkrete Bitte als Voraussetzung einer konkreten Vereinbarung

Eine Konfliktlösungsstrategie ist dann besonders tragfähig, wenn sie auf den Bedürfnissen der Konfliktparteien aufgebaut ist. Je präziser die Vereinbarungen, je konkreter die einzelnen Schritte formuliert sind, desto höher ist die Wahrscheinlichkeit, dass die Lösung auf tragfähigen Füßen steht. Um diese Ergebnisphase einer Konfliktklärung geht es bei dem vierten Schritt, der Bitte.

Der Begriff „Bitte“ beruht auf der Haltung, dass beide Konfliktparteien aufgefordert sind, jeweils ihre optimalen Vorstellungen zu äußern und danach frei zu entscheiden, ob sie die jeweiligen Wünsche des Gegenübers – so wie sie formuliert sind – erfüllen wollen oder alternative Vorschläge haben.

Bei der konkrete Bitte geht es um die kreative und praktische Umsetzung der Bedürfnisse. Hier können Lösungen gesucht und Verhandlungen geführt werden. Wichtig ist, dass am Ende konkrete Vereinbarungen stehen, die das Ergebnis zur Umsetzung bringen.

Die vier Schritte zur Konfliktklärung	– ↔	und was wir vermeiden sollten
1. Schritt: Beobachtung/Situation *Ich habe das Konzept nicht zu dem Termin von Ihnen bekommen, den wir vereinbart hatten.*	**statt**	**Negative Bewertung** *Sie sind mal wieder nicht pünktlich fertig geworden!*
2. Schritt: Gefühl (Ich-Botschaft) *Ich bin irritiert und beunruhigt.*	**statt**	**Interpretation/Schuldzuweisung (Du-Botschaft)** *Ich habe das Gefühl, Sie denken überhaupt nicht mit!*
3. Schritt: Bedürfnis *Ich brauche Verlässlichkeit und Effektivität bei der Zusammenarbeit. Dafür ist mir wichtig, das jeder die volle Verantwortung für die Projekte übernimmt, die in seinen Bereich fallen.*	**statt**	**Strategie** *Jetzt müssen wir Überstunden machen!*
4. Schritt: Konkrete Bitte *Bitte halten Sie zukünftig die vereinbarten Termine ein oder teilen Sie mir rechtzeitig mit, wenn sich Ihr Zeitplan verändert, damit ich mich darauf einstellen kann. Rechtzeitig heißt für mich ... Sind Sie dazu bereit?* Oder: *Ich bitte Sie, mir konkret zu sagen, bis wann Sie das Konzept fertig gestellt haben werden.*	**statt**	**Forderung/Druck** *Wenn sich das nicht ändert, werde ich mich bei der Projektleitung über Sie beschweren!*

STUFEN DER DEESKALATION ↓ (links) — STUFEN DER ESKALATION ↓ (rechts)

Abb. 7

3. Umgang mit Aggression und Eskalation

Wir gehen davon aus, dass Aggressionen Ausdruck einer starken, oft unterdrückten Lebensenergie sind. Wenn sie sich Bahnen bricht, schreit etwas in einem Menschen: „Ich komme so nicht mehr klar, ich brauche eine Veränderung." Das Problem ist, dass dieser Mensch genau das *nicht* sagt, sondern sich seine Not in Form von heftigen Angriffen, hitzigen Vorwürfen oder auch in Form von kalter Abweisung zeigt und deshalb auf der anderen Seite wiederum Wut auslöst, Hilflosigkeit oder Angst. Aggression wird von den meisten Menschen als bedrohlich erlebt, weil mit der Erfahrung von Aggression Ohnmacht und Verletzung verbunden sind.

Im beruflichen Kontext, vor Arbeitskollegen Gefühle zu zeigen, ist oft mit Scheu verbunden. Wut und Ärger zum Ausdruck zu bringen, unterliegt einer starken moralischen Wertung in unserer Kultur: Da hat sich jemand nicht mehr unter Kontrolle. In der Mediation betrachten wir Aggression wertfrei: nicht als etwas Böses und genauso wenig als etwas besonders Positives und auch nicht als etwas, das unbedingt ausgelebt werden muss. Wenn sie in der Mediation zum Ausdruck kommt – was meist der Fall ist –, dann nehmen wir die aggressiven Äußerungen auf, achten und beachten sie, weil sie ein ganz klarer Indikator dafür sind, dass Bedürfnisse sehr stark im Mangel sind, oftmals lange aufgestaut. Der Anlass des aktuellen Konflikts ist in vielen Fällen nur der berühmte Tropfen, der das Fass zum Überlaufen bringt.

Manchmal steckt hinter Aggressionen eine alte biografische Wunde – Beispiel: Eine Streitpartei ist als Kind regelmäßig damit konfrontiert worden, dass ihr bedeutsame Dinge (bspw. der Besuch des Vaters an ihrem Geburtstag, das Abholen von der Schule usw.) angekündigt worden sind und diese Ankündigungen nicht eingehalten wurden. Dies verursachte beim Kind Schmerz und chronische Verunsicherung. Möglicherweise kann ein aktueller Fall einer Nichteinhaltung von Vereinbarungen im Arbeitskontext bei dieser Person mit ihren alten Wunden eine unproportionale Wut auslösen, welche die Kollegen nicht verstehen und als verletzende Reaktion ablehnen. Wenn eine Person in einem Konflikt an einer alten Wunde oder Narbe berührt wird, kann es sein, dass ihr System Notstand ausruft und sich – mit aller Gewalt – schützen will. Dann wählt sie Angriff als Verteidigung. Menschen, die aus dieser alten Wunde heraus agieren, merken oft in dem Moment nicht, wie verletzend ihr eigenes Verhalten für andere sein kann.

Aggressives Verhalten kann sich aber auch auf ganz subtile Weise äußern. Wenn jemand eine Konfrontation fürchtet und ihr ausweicht, indem er z.B. nicht auf Kontaktangebote reagiert, nicht zu Terminen kommt oder sich „bedeckt hält", verhält er sich passiv-aggressiv – das heißt: Er drückt seine Aggression nicht aktiv und direkt aus, löst mit seinem Verhalten jedoch ebenfalls Irritation, Ärger, Traurigkeit oder Unsicherheit bei anderen Menschen aus.

Aggression:

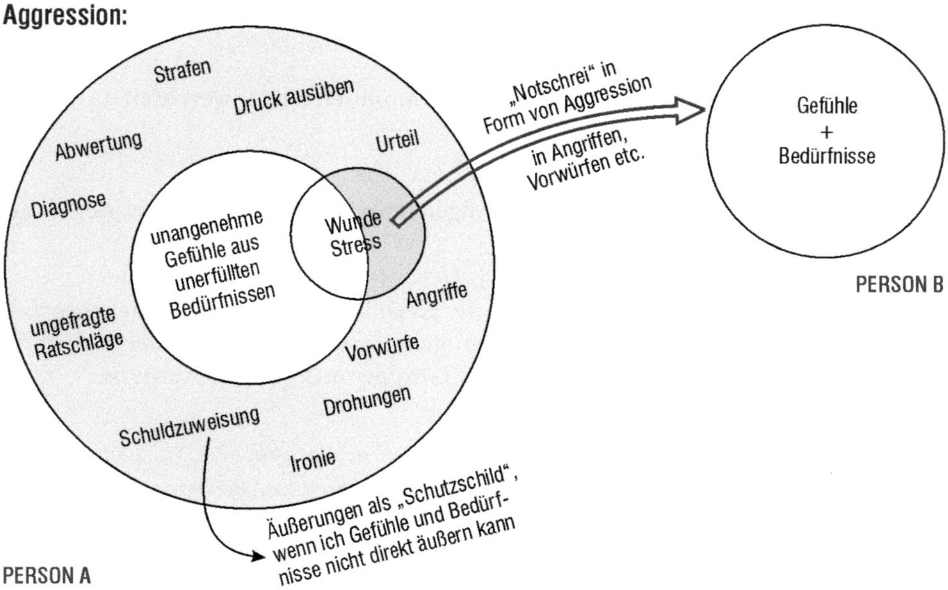

Abb. 8: Was steckt hinter Aggression?

Alarmglocke Aggression

Um auf Aggressionen adäquat, d.h. hilfreich für den Verständigungsprozess reagieren zu können, ist es wichtig, den Medianten nicht – auch nicht innerlich – dafür zu verurteilen, dass er „aus der Rolle fällt". Die Mediationssituation ist ja genau dazu da, dass Menschen, die im Alltag viel Energie darauf verwenden, vernünftig, kompetent und professionell zu wirken, Raum bekommen, um diese Rolle ein wenig zu verlassen. Viele Medianten haben in diesem Moment, in dem sie sich mit ihrer Wut zeigen, ein starkes Bedürfnis nach Sicherheit und brauchen besonders viel Empathie.

In der Rolle der Mediatorin ist es für mich essenziell, mir bewusst zu sein, was die Gründe für aggressives Verhalten sein können und wie ich damit professionell umgehen kann.

Gründe für aggressives Verhalten (neben Aggression als erlerntes Verhalten auch bei geringfügigem Ärger und Unzufriedenheit):

- ➜ Bedürfnisse im Mangel (meist über einen langen Zeitraum aufgestaut);
- ➜ Übermaß an Belastung (Überreizung);
- ➜ Überforderung (krank, geschwächt);
- ➜ Fürsorge (für ein Kind oder einen Mitarbeiter, der angegriffen wird);
- ➜ Getroffensein in alten Wunden.

Die Schritte im Umgang mit Aggression in der Mediation

➜ **Anerkennung der Notsituation:** nicht harmonisieren oder wegreden (*„Das wird schon wieder“* usw.).

➜ **Sicheren Rahmen schaffen**

- Ich wende mich der Person ganz zu (Augenkontakt, körperlich zugewandt, in gewissem Abstand bleiben).
- Ich spreche sie mit ihrem Namen an (*„Herr Müller, ich höre, dass ...“*).
- Ich schlage Einzelgespräche vor, wenn der geschützte Rahmen nicht mehr gegeben ist, weil die Person sich vor den anderen nicht sicher genug fühlt, oder weil die Sicherheit der anderen Personen bzw. der Gruppe sonst nicht gewahrt ist.

➜ **„Erste Hilfe-Empathie“**

- Ich benenne den Alarmzustand (*„Es reicht Ihnen wirklich“, „Sie können nicht mehr“, „So geht es überhaupt nicht mehr für Sie“, „Sie brauchen ganz dringend eine Veränderung“, „Sie würden am liebsten gehen ...“*)
- Ich fasse die Medianten **nicht** an (etwa den Arm berühren, um ihn zu beschwichtigen u.Ä.).
- Ich ermahne sie **nicht** (indem ich z.B. an die Gesprächsvereinbarungen der 1. Phase erinnere).
- Ich gebe **keine** Erklärungen (*„Die Methode ist aber wichtig, weil ...“*).
- Ich spreche **keine** Drohungen aus (*„Wenn Sie sich nicht zusammenreißen, ...“*).

➜ **Gefühle benennen**

- Ich benenne zuerst die Gefühle.
- Ich spreche die Person direkt an: *„Sie sind richtig sauer“* und gehe dabei nicht auf die Metaebene (z.B.: *„Habe ich Sie richtig verstanden ...“, „Darf ich noch mal zusammenfassen ...“*).
- Ich nenne die Gefühle mehrfach, finde Synonyme und Bilder (*„Sie sind sauer“, „Sie könnten die Wände hochrennen“, „Sie könnten platzen vor Wut“, „Ihnen reicht's“ etc.,* so lange, bis sich das Gegenüber entspannt – meist durch einen tiefen Seufzer und *„Ja, genau“*).

➜ **Bedürfnisse benennen**

- Dann erst gehe ich zu den Bedürfnissen (*„Sie brauchen hier wirklich Sicherheit“, „Sie möchten, dass es vorangeht“, „Sie möchten hier gesehen werden“*).

→ **Konkretisierung**

- Ich gehe zurück zur auslösenden Situation („*Wo genau erleben Sie das?*“, „*Was konkret frustriert Sie?*“)
- Ich lenke den Blick vom Mangel auf die Ressourcen („*Was genau würde Ihnen in dieser Sache helfen?*“)

Eskalation

Eine Situation eskaliert, wenn Konfliktpartei A das Gegenüber angreift und Konfliktpartei B in den Gegenangriff geht. Meistens beschließen Teams und Gruppen erst dann eine Mediation zu machen, wenn die Situation bereits so stark eskaliert ist, dass sie selber keine Chance sehen, ohne Hilfe aus dem Konflikt herauszukommen.

Damit ein Konflikt sich in der Mediation entfalten kann, braucht er Raum für Eskalation, was erfahrungsgemäß in der 2. Phase passiert.

Wenn die Konfliktparteien das Vertrauen haben, aussprechen zu können, was sie in dieser Situation *wirklich* denken oder fühlen, kann das bedeuten, dass die Situation erst einmal eskaliert. Gleichzeitig können sich die Beteiligten, die diese Konfliktsituation meist über eine lange Zeit aus*gehalten* haben, auch entspannen. Das Paradoxe ist ja, dass meist alle Beteiligten längst spüren, dass etwas „nicht in Ordnung“ ist und unausgesprochene Gefühle auf Dauer viel Schaden anrichten können.

Eskalation:

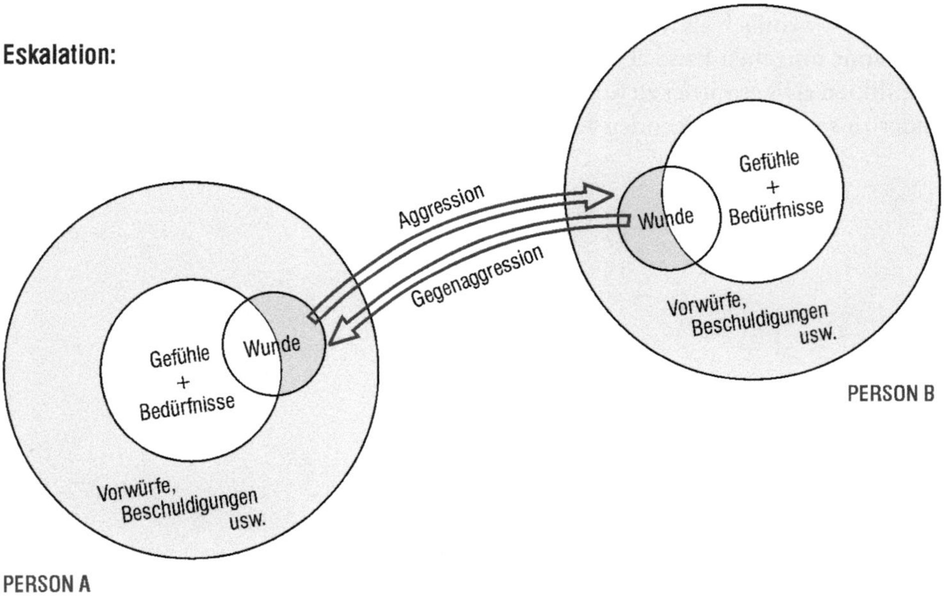

Abb. 9: Auf Angriff folgt Gegenangriff

Umgang mit Eskalation in der Mediation

Folgende sechs Schritte haben sich in eskalierten Situationen bewährt:

1. Die Situation beginnt in der Mediation zu eskalieren, ich greife nicht gleich ein, sondern lasse die Eskalation bis zu einem bestimmten Grad laufen.
2. Ich achte auf den Moment, wo das „Drama" sich vertieft, sich Vorwürfe wiederholen, die Situation sich verschärft.
3. Ich stehe auf oder beuge mich vor und sage: *„Stopp"* oder *„Halt"*, *„Okay"*, *„Bis hier hin"*.
4. Ich benenne die Situation: *„Ich höre, dass Sie BEIDE aufgebracht sind, dass Sie beide wirklich mit Ihren Anliegen gesehen werden wollen ..."*
5. Ich fasse die dringendsten individuellen Anliegen kurz zusammen: *„Ihnen, Herr Meyer, geht es vor allem darum, ... und bei Ihnen, Frau Müller, höre ich ..."*
6. Ich mache einen Vorschlag: *„Wären Sie damit einverstanden, dass ich das Gespräch moderiere und strukturiere, so dass sichergestellt ist, dass Sie sich beide hier in Ruhe ausdrücken und mitteilen können?"*

Das, was vielleicht als die bedrohlichste Situation empfunden wird, ist oft der produktivste Teil der Mediation, denn es wird „Fraktur geredet". Die frustrierenden Themen werden offen benannt, alle Gefühle haben Raum und werden aufmerksam aufgenommen.

Um wirklich aufmerksam und wertfrei mit der Eskalation im Mediationsverfahren umgehen zu können, ist es für den Mediator wesentlich, dass seine eigenen wunden Punkte, was Aggressionen angeht, bewusst sind. Denn die schönsten Methoden nützen nichts, wenn ich als Mediatorin Angst habe vor Aggressionen und nicht weiß, wie ich damit umgehen kann. Deshalb ist es sinnvoll, bevor Sie sich bereit erklären, in Konflikten als Vermittler zu fungieren, sich mit den eigenen Konfliktmustern auseinander zu setzen. Im folgenden Kapitel werden wir diesen Punkt vertiefen.

4. Persönlichkeitsentwicklung als Mediator/Mediatorin

Erfolgreiches Mediieren hängt vor allem von der Persönlichkeit und der wertschätzenden Grundhaltung des Mediators oder der Mediatorin ab – das ist unsere Erfahrung als Mediatorinnen und Trainerinnen nach der Durchführung von zahlreichen Mediationen und Ausbildungen.

Theoretische Mediationskenntnisse und technisches Know-how kann sich der Interessierte relativ zügig aneignen. In Ausbildungsangeboten hat das Erwerben theoretischen Wissens und praktischen Handwerkszeugs zur Mediation selbstverständlich einen hohen Rang. Ob aber Mediationen – im Rollenspiel wie im Echtfall – gelingen, hängt im Wesentlichen davon ab, wie bewusst und engagiert Ausbildungsteilnehmende ihre eigenen Konfliktmuster reflektiert und weiterentwickelt haben bzw. Werte und Qualitäten der Mediation in die eigene Haltung integrieren konnten.

Das heißt: Theorie und Technik stehen nicht im Widerspruch zur Grundhaltung, sondern beide Aspekte ergänzen und benötigen einander: Das Erlernen der Technik und der Phasen des Mediationsverfahrens sowie der kommunikationspsychologischen Grundkenntnisse sind hervorragende Instrumente des persönlichen Wachstums. In der Mediationsausbildung erleben die Teilnehmenden während angeleiteter Übungen und im Rollenspiel, wie sie sich selbst im Konflikt und in Gruppen verhalten. Theorie, Technik und Selbsterfahrung gehen ständig Hand in Hand.

Mediatoren können starken Spannungen zwischen den Streitparteien und schleppenden Verfahren nur dann mit Ruhe und Zuversicht begegnen, wenn sie im eigenen Leben die Chancen und positiven Entwicklungsmöglichkeiten einer konstruktiven Konfliktbearbeitung erfahren haben. Mediationsausbildungen können ein Raum sein, um neue persönliche Erfahrungen mit dem Thema Konflikt zu machen. Sie können dieses leisten, indem sie Raum geben, eigene Konflikte aus dem Berufs- und Privatleben mit mediativen Mitteln zu bearbeiten.

Wenn jemand hauptsächlich komplexe theoretische und technische Kenntnisse erlernt hat, besteht die Gefahr, dass er im „Eifer des Gefechts" der Eskalationsphase unbewusst auf persönliche Verhaltensmuster zurückgreift, wie z.B. den „moralischen Zeigefinger", das hilflose Verstummen oder das Ignorieren und Wegreden von starken Gefühlen.

Die individuellen und oft unbewussten Verhaltensmuster bei Konfliktstress sind meist unproduktiv, weil sie das professionelle theoretische Know-how unterlaufen. Aus der Kommunikationspsychologie ist bekannt, dass sich die Botschaft, die ein Mensch wahrnimmt, zu ca. 80 Prozent aus der nonverbalen und oft unbewussten Botschaft und nur zu ca. 20 Prozent aus bewusster verbaler Kommunikation zusammensetzt. In der emotionalen Anspannung einer Konfliktaustragung trifft dieses im erhöhten Maße zu.

So kann es passieren, dass Streitparteien nach einer Mediation (im Rollenspiel oder Echtfall) äußern, dass sie sich „vom Mediator nicht gehört fühlten", „nicht verstanden erlebten", „die Mediatorin parteilich empfanden", „am liebsten den Raum verlassen hätten" o.Ä. Auf die Frage, woran sie ihre Wahrnehmungen festmachten, hören die überraschten Mediatoren, dass die Streitparteien sich durch fehlenden Blickkontakt vernachlässigt fühlten, durch mahnenden Ton und heftiges Stirnrunzeln des Mediators mit Verweis auf die Gesprächsregeln belehrt fühlten usw.

Um die eigenen Konfliktmuster kennen zu lernen und bewusst mit ihnen umzugehen, kann eine Mediationsausbildung, Supervision, Therapie o.a. sinnvoll sein. Achten Sie als Interessierte an einer Mediationsausbildung darauf, dass diese in ihrem Curriculum wirksame Elemente der Selbstreflexion und Persönlichkeitsentwicklung enthält.

Uns liegt es besonders am Herzen, dass die Qualitäten der Mediation (z.B. der wertschätzenden Grundhaltung zu den Streitparteien, ihren Äußerungsweisen, Gefühlen und Bedürfnissen und zum Konflikt als Chance) im Leben des Mediators oder der Mediatorin zur Integration gelangen. Wir legen Ihnen nahe, sich um die Verankerung dieser Haltung zu bemühen, damit Sie nicht Gefahr laufen, eine Botschaft zu transportieren, die von Ihren unbewussten Botschaften überlagert wird.

Hilfreich für den Prozess der Persönlichkeitsentwicklung ist, das eigene Verhaltensmuster in Bezug auf Konflikte in der Herkunftsfamilie zu reflektieren. Durften Konflikte in der Herkunftsfamilie ausgetragen werden? Wurden laute Worte bestraft? Wurde der Betreffende bei familiären Konflikten ausgegrenzt, musste er vor gewaltvollen Auseinandersetzungen flüchten, Geschwister „retten", hatte er eine erfolglos-vermittelnde Rolle? All diese alten Prägungen beeinflussen das spontane Verhalten des späteren Mediators oder der Mediatorin.

Eine Mediationsausbildung bietet (neben Therapie und Supervision bei Anerkennung fachlicher Unterschiede) den geschützten Rahmen, die eigenen Konfliktfallen kennen zu lernen und die eigenen Fähigkeiten und erworbenen Stärken im Konflikt herauszuarbeiten.

5. Die Dynamik von Konflikten in Gruppen

Da wir uns in diesem Buch speziell mit Team-Mediation beschäftigen, wollen wir auf die diesbezüglich häufigsten gruppendynamischen Phänomene eingehen. An dieser Stelle möchten wir Sie zunächst für das Spektrum der Kräfte und Prozesse sensibilisieren, die in Gruppen wirksam sind und sich in Konfliktsituationen verstärken. Im *Praxisteil* finden Sie in den Methoden konkrete Ansätze, um gruppendynamische Prozesse produktiv zu nutzen.

Komplexität

Je größer die Gruppe ist, desto mehr Meinungen, Bedürfnisse, Gefühle, Erfahrungen usw. sind vorhanden, die ausgesprochen werden wollen. Die Vielzahl der Wortmeldungen braucht viel Zeit und kann die Konzentration aller Beteiligten im Mediationsverfahren überfordern.

Die Gruppe ist von einer komplexen „Landkarte" der unterschiedlichen Untergruppen, Beziehungen, Erfahrungen untereinander, Hierarchien mit all ihren unterschiedlichen Hintergrundkonflikten, Sachproblemen usw. geprägt. Die Gefahr liegt darin, sich in zweitrangigen Problempunkten zu verzetteln und allem nachgehen zu wollen. Andererseits sollten Sie als Mediator oder Mediatorin nicht der Versuchung erliegen, den vermeintlichen „Hauptkonflikt" im Voraus zu definieren, sondern mit den Medianten auf der Suche danach sein.

Tabus

Jede Gruppe hat eine Reihe Tabus. Oft können gerade diese Tabus (bestimmte Fragen, Verhaltensweisen, Vorschläge, Geschichten, Personen, ...) offenbaren, wo „der Hase im Pfeffer sitzt". Erst mit gemeinsamem Anschauen einiger Tabus kann die Mediation glücken.

Inoffizielle Hierarchien

Gruppen tendieren dazu, eine „geheime“ Hierarchie der Beliebtheit aufzubauen und zu erhalten. Was die am höchsten eingestufte Person tut und sagt, gilt. Ihr Verhalten ist aber nicht unbedingt das Hilfreiche für die Lösung des Konflikts.

Außenseiter

Genauso hat jede Gruppe einen Außenseiter, wir nennen ihn den „Ecksitzer“. Diese Person ist für die Gruppe von elementarer Bedeutung, da sie oft die Tabus aufzeigt oder sogar ausspricht. Wird diese Person „hinausgeekelt“, besetzt eine andere Person den Platz der Ecksitzerin.

Rollen

Die „Landkarte“ einer Gruppe verursacht eine Festschreibung der Rollen: der Provokateur, die Schüchterne, der Harmonisierer, der Introvertierte, die Pessimistin usw. Jeder Mensch hat aber eine große Palette von Rollen in sich. Je flexibler Rollen getauscht und die vielfältigen Potenziale eines jeden Gruppenmitglieds gefördert werden, desto einfallsreicher und zügiger kann diese Gruppe verschiedenste Problemsituationen lösen.

Kräfteverteilung

Eine Gruppe hat die spezifische Macht, große und bedrohliche Parteigefälle zu errichten: z.B. „alle gegen einen“. Dies kann zu Mobbingsituationen führen. Die in Ungnade Gefallenen haben meist eine ganz besonders große Angst vor dem Konfliktgespräch; eventuell flüchten sie sogar durch Fernbleiben aufgrund Krankheit o.Ä. vor der Auseinandersetzung.

Eskalationsmechanismen

Konfliktsituationen lösen bei vielen Menschen Angst und Unsicherheit aus, und sie gehen erst mal in eine Abwehrhaltung, was bedeutet, dass sie polemisieren, pauschalieren, nicht in Kontakt gehen, abwertend agieren usw. Im kollektiven Konfliktprozess einer Gruppe verdichten sich diese Konfliktmuster zu dynamisierenden Faktoren (s. Friedrich Glasl). Folgende Eskalationsmechanismen sind typisch:

1. Die Gruppe erwartet von bestimmten Personen nur noch Negatives.
2. Sie projeziert ihre Probleme auf Ecksitzer.

3. Die Austragung der Konflikte wird an bestimmte Kontrahenten delegiert und mit ihnen fest verbunden.
4. Die Gruppe teilt sich in Lager um die Kontrahenten, die Loyalität fordern: „Bist du nicht für mich, dann bist du gegen mich."

Fass ohne Boden

Vielleicht ist die Mediation wegen zweier dominanter und aufeinander prallender Positionen angefragt worden. Typisch für eine Gruppenmediation ist aber, dass nach Aufweichen der Positionen, Rollen und Hierarchien im Laufe der Mediation noch viel mehr und andere Bedürfnisse, Probleme und Fragen im Raum stehen, die nach Lösung verlangen. Gruppe und Mediatoren sehen sich plötzlich vor einem Fass ohne Boden und eventuell vor einem konkreten Zeitproblem.

Hinweis für Mediatoren und Mediatorinnen

Wenn Sie einen Konflikt in einer Gruppe mediieren, sollten Sie sich bewusst machen, welche alten Erfahrungen und Mechanismen Sie in Bezug auf Gruppen mitbringen. Eine Konflikteskalation in einer Gruppe ist „nicht ohne" und kann eine Menge alter Ängste hochspülen. Wie war Ihre Rolle unter Ihren Geschwistern? In der Schulklasse? Manche psychologischen Richtungen setzen „Gruppe" in Beziehung zur Erfahrung mit der eigenen Mutter: Hat sie Ihnen etwas zugetraut, haben Sie ihr etwas zugetraut? Hat sie Ihnen zugehört? Usw. Auch aus diesem Grund ist es empfehlenswert, zu zweit zu mediieren.

6. Die systemische Betrachtung von Gruppenkonflikten

Der systemische Blick auf Gruppen – hier angedeutet und durch einschlägige Literatur bei Interesse zu vertiefen – erweitert das Verständnis von Konflikten und ihren Dynamiken. Er hilft uns, das Geschehen von außen, man kann auch sagen von einer Meta-Ebene aus zu betrachten.

Jede Gruppe befindet sich in einem komplexen System und ist selbst ebenfalls ein System, das wiederum aus einer Ansammlung von Systemen und Subsystemen besteht. – Der Begriff *System* geht auf das altgriechische Wort *systema*: Zusammenstellung zurück. Im Handwörterbuch der Psychologie finden wir unter dem Begriff „System“: „Aus dem Griechischen hergeleiteter grundlegender Ordnungsbegriff der Philosophie, Naturwissenschaften und Technik. System bezieht sich auf die Gliederung und den Aufbau von natürlichen oder künstlichen Ganzheiten, die als Einheiten verstanden werden, und deren Teile, die in Abhängigkeit voneinander und/oder wechselseitigen Zusammenhang stehen, eine bestimmte Ordnung aufweisen.“

Ein System ist also eine Einheit, die aus anderen Einheiten zusammengestellt ist, welche wiederum voneinander abhängen.

Wenn z.B. im Unternehmen mehrere Individuen zusammenarbeiten, nennen wir dies ein Team oder eine Abteilung. Mehrere Abteilungen bilden einen Geschäftsbereich. Mehrere Geschäftsbereiche wiederum bilden ein Unternehmen. Die nächstgrößere Zusammenstellung könnte die deutsche Wirtschaft sein, die wiederum ein Teil der europäischen Wirtschaft und der Weltwirtschaft ist.

Warum ist die systemische Betrachtung wichtig für die Bearbeitung von Konflikten in Teams und Gruppen?

Jede Konfliktsituation in einer (Arbeits-)Gruppe hat grundlegende Wirkungsaspekte, die sich auf drei systemische Ebenen zurückführen lassen.

1. Es gibt die *Ebene der individuellen Persönlichkeit, des psychischen Systems.*
Hier geht es um die Frage: Welche inneren Themen, Überzeugungen und persönlichen Konfliktmuster bringt die Person mit ins Team?

2. Auf einer weiteren Ebene geht es um die *Beziehung zwischen mindestens zwei Menschen.* Im Falle eines Konfliktes setzt hier die Mediation an. Hier kommt es zur Begegnung bzw. Überschneidung von mindestens drei Systemen: zwei psychischen (Einzelpersonen) und einem sozialen (Beziehung der Personen als Gruppe).
Hier lautet die Frage: Welche Bedürfnisse sind im Zusammenwirken der Konfliktparteien im Mangel?

3. Auf der dritten Ebene geht es um die *Rahmenbedingungen, um die soziale Struktur, die Organisation,* das übergeordnete System, in dem der Konflikt stattfindet.
Die Frage ist hier: Welche Aspekte des übergeordneten Systems „Organisation" stützen den Konflikt des Subsystems Gruppe, Team bzw. Abteilung?

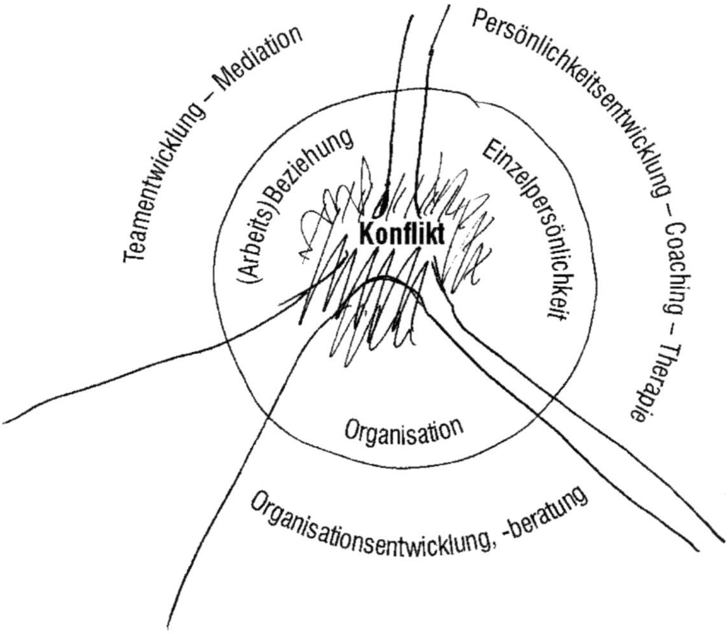

Abb. 10: Dreiteilung – System, Beziehung, Persönlichkeit

Mediation ist eine Methode, die auf der zweiten Ebene, der Ebene der Beziehungen ansetzt. Doch alle drei Ebenen haben Einfluss, sowohl was die Wurzeln des Konfliktes angeht als auch auf den Klärungsprozess. Bei jedem Konflikt ist die Verteilung der Wirkungskräfte unterschiedlich: mal ist mehr die Persönlichkeit eines Einzelnen prägend für den Konflikt, mal mehr die Kommunikation zwischen den Parteien. Und wenn das übergeordnete System, z.B. das Unternehmen unflexibel reagiert, sind auch die beteiligten Personen in ihrem Konfliktklärungsprozess möglicherweise eingeschränkt.

Professionelle Bearbeitungswege für die jeweiligen Ebenen sind unter anderem:
1. Individuelle Persönlichkeit: Entwicklung in Form von Coaching und/oder Therapie
2. (Arbeits)Gruppe: Teamentwicklung, Mediation
3. Organisation: Organisationsentwicklung und -beratung

In diesem Buch beschreiben wir die Dynamiken, die Praxis und Methoden auf der zweiten Ebene, der Ebene der Beziehungen von (und innerhalb von) den Subsystemen Teams und Gruppen. Wir beziehen jedoch auch das Wissen und die Erfahrung über die Wirkungskraft der anderen beiden Ebenen der Einzelpersönlichkeit und der Organisation mit ein.

In der Mediation ist an diesem Punkt Transparenz sinnvoll: Sprechen Sie die verschiedenen Ebenen an, umreißen Sie den Bereich, in dem sich die Mediation bewegt. Legen Sie offen, was Mediation kann und was nicht. Das ist für beide Seiten entspannend und zeigt Respekt vor der Wirkung der verschiedenen Systemebenen.

Mediation ist immer eine Teilintervention, wir verändern nie das ganze System. Das heißt: Es gibt auch eine „Demut", was die vielfältigen Wirkungskräfte eines Konfliktes angeht, und eine innere Unabhängigkeit, wenn Dinge ungelöst bleiben.

Eigenschaften des Systems und ihre Bedeutung für die Mediation

Im Folgenden haben wir wesentliche Eigenschaften des Systems aufgeführt und jeweils die Fragen formuliert, die für Sie in der Mediation unterstützend sein können:

- **Systeme sind lebendige Organismen.** Das heißt, dass alle Teile eines Systems in einer lebendigen Wechselwirkung stehen und voneinander abhängig sind. Wenn an einer Stelle etwas verändert wird, kommt das ganze System in Bewegung. Einzelne Subsysteme reagieren bspw. auf Überbelastung als Folge einer Veränderung mit Unbehagen und erbringen nicht mehr dieselbe Leistung wie vorher.
  Frage für die Mediation: Welche äußeren Veränderungen gab es in den letzten Monaten mit Wirkung auf die Gruppe?

- **Das System gleicht sich aus, weil es sich selbst erhalten möchte.** Jeder Organismus will überleben. Stellen Sie sich ein System wie ein Mobile vor: Wenn an einer Stelle Gewicht hinzugefügt wird, verändert sich das ganze Gebilde. Subsysteme reagieren automatisch und wählen in Stress- und Krisensituationen Ausgleichsstrategien, die mittel- und langfristig unproduktiv bzw. nicht zuträglich sind und Konflikte verursachen. Ein häufiges Beispiel ist die Kompensation einer schwachen Leitungskraft durch die Führung eines Teammitglieds, welches allerdings keine offiziellen Privilegien, Entscheidungsrechte und Informationszugänge hat. Konflikte sind also Symptome, die ein Änderungs- und Entwicklungsbedürfnis des Organismus aufzeigen. In diesem Sinne ist jeder Konflikt eine Chance für produktive Veränderung.

Frage für die Mediation: Für welches ungelöste Problem und welches daraus resultierendes Entwicklungsbedürfnis steht das Symptom?

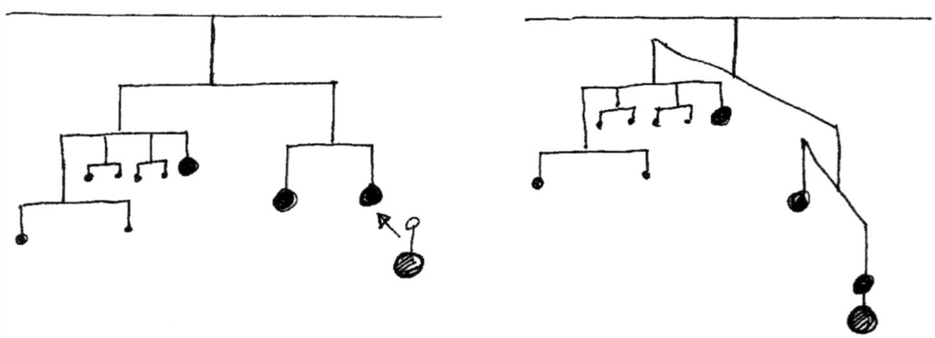

Ein „Gewicht" wird angehängt.

Alle haben einen veränderten Platz; einzelne „Abteilungen" bleiben in sich selbst unverändert, „hängen" allerdings höher (oder tiefer).

Abb. 11: Mobile

→ **Das System delegiert Symptome**, wenn Ursachen an ihrer Wurzel nicht bearbeitet werden. Teams sind Subsysteme innerhalb eines größeren Systems.
Das bedeutet, dass Konflikte innerhalb eines Teams immer auch im Kontext des nächstgrößeren Systems (Organisation) zu sehen sind. Evtl. trägt ein Team einen Konflikt für das Unternehmen aus. In der Mediation ist es wichtig, den Blick auf das Ganze zu behalten. So wie ein guter Arzt nicht nur die Stelle des Körpers behandelt, die schmerzt, sondern den ganzen Organismus im Auge hat. Möglicherweise bedeutet das, von der Behandlung des Symptoms (Mediation im Team) zur Behandlung des Ursprungkonflikts zu wechseln.
Frage für die Mediation: Wo sitzt der eigentliche Konflikt?

→ **Konflikte können wandern.** Konflikte wandern von „oben" nach „unten". Wenn z.B. ein Konflikt im Vorstand eines Unternehmens existiert und er dort nicht geklärt wird, wird der Konflikt auf der unter dem Vorstand liegenden Hierarchieebene ausgetragen.
Hier ist der Übergang zur Organisationsentwicklung fließend. Als Mediatorin stelle ich jedoch keine Diagnosen. Durch das Äußern meiner Wahrnehmung der Situation kann ich die Beteiligten darauf hinweisen, dass der Konflikt eventuell seinen Ursprung an einer anderen Stelle hat, und die Auftraggeber können selbst entscheiden, ob sie für einen entsprechenden Klärungsprozess offen sind.
Frage für die Mediation: Möchten Sie, dass ich Sie darauf hinweise, wenn mir systemische Zusammenhänge auffallen?

→ **Ungelöste Sieger-Verlierer-Verhältnisse verhalten sich wie eine Wippe:** Sie führen zu einem Dauerkampf um die Siegerposition.
Eine Entspannung erlebt das System erst, wenn die Subsysteme in ein Win-Win-Verhältnis gerückt sind. – Solange nicht beide Seiten gleichzeitig in den Blick genommen werden, wird jedes Subsystem ums Überleben kämpfen, was zu einem unproduktiven Kräfteverschleiß führt. Die einen mögen Unterstützung darin brauchen, die Bedürfnisse der anderen zu sehen, die anderen mögen Unterstützung brauchen, ihre eigenen Bedürfnisse zu sehen.
In der Mediation geht es immer darum, einen Ausgleich zu finden. Beide Parteien bekommen das, was sie brauchen. Das heißt für die 4. und 5. Mediationsphase konkret, dass Partei A sich überlegt, was Partei B tun könnte, um sie in ihren Bedürfnissen zu unterstützen. Und Partei B überlegt sich, was sie bereit ist, dafür zu tun, dass Partei A ihren Frieden findet (bzw. umgekehrt).
Frage für die Mediation: Wo findet die Wippe statt? Wer braucht Unterstützung? Wie kommen die Beteiligten zu einer Win-Win-Lösung?

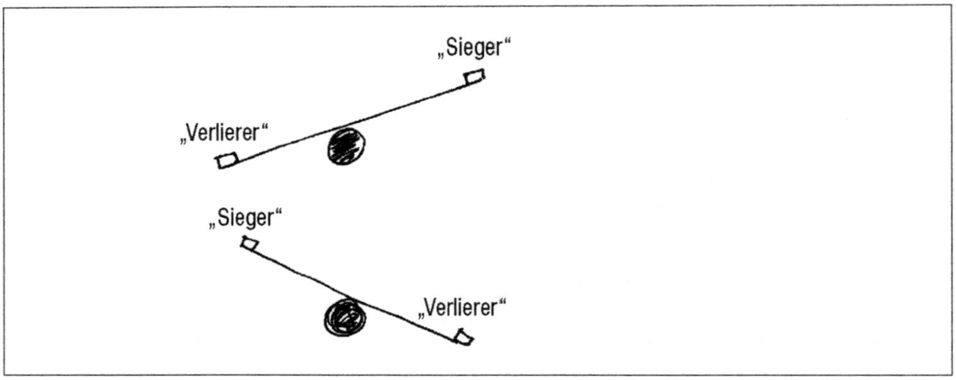

Abb. 12: Wippe

→ **Auch Systeme haben Bedürfnisse:** Als lebendige Organismen haben Systeme und Subsysteme Bedürfnisse, z.B. nach Anerkennung, Effizienz, Sicherheit, Loyalität etc. Das kann man daran erkennen, dass die Bedürfnisse bleiben, auch wenn die Personen ausgetauscht werden. Innerhalb einer Organisation werden den Mitarbeitern bestimmte Rollen zugewiesen. Auch Gefühle und Stimmungen eines Systems, z.B. hohe Motivation oder fehlende Motivation, können sich auf die Mitarbeiter übertragen.
Nachdem wir im Mediationsteam die individuelle Person gehört haben, gehen wir auch auf ihre Funktion in der Gruppe ein. Wir sehen den Menschen sowohl als Individuum als auch in seiner Funktion.
Frage für die Mediation: Welche Bedürfnisse in welchem Subsystem möchten beachtet und beantwortet werden?

Welche Störungen, welche Schwierigkeiten, unproduktiven Handlungsweisen weisen auf welche unerfüllte Bedürfnisse hin?

→ **Mediation ist wie ein „Hebel"**, der, wenn er an der richtigen Stelle angesetzt wird, das Gleichgewicht im „Mobile" des Subsystems Gruppe/Team wieder herstellen kann.
Wichtig ist an diesem Punkt, dass ich als Mediatorin eine unabhängige Position außerhalb des Systems habe, damit ich mich nicht *im* System, sondern *am* System bewege. Es ist wesentlich, in jedem Moment die innere Freiheit zu haben, einen Auftrag abzulehnen, besonders wenn ich – so wie der Auftrag gegeben ist – keine Bereitschaft für eine produktive Auseinandersetzung mit dem Konflikt sehe. Wenn wir den Eindruck haben, dass an einer bestimmten Stelle ein wichtiger Hebel für die Konfliktklärung anzusetzen ist, kann es passieren, dass wir andere Mitarbeiter in die Mediation einbeziehen als zunächst vorgesehen. Das bedeutet evtl., dass wir eine Führungskraft anrufen und um ein Gespräch bitten, auch wenn diese vorher vielleicht gesagt hat, sie habe mit dem Problem nichts zu tun. Die Einladung an die Führungskraft könnte z.B. so lauten: „Wären Sie bereit, zur Nachhaltigkeit der Konfliktlösung einen Beitrag zu leisten, der nur von Ihnen als Führungskraft kommen kann?" Wir gestalten solche Anfragen, indem wir dem Gegenüber die Freiheit lassen, sich für oder gegen unseren Vorschlag zu entscheiden.
Das oberste Prinzip ist: Die Verantwortung tragen die Streitparteien und das System, nicht das Mediationsteam.
Frage für die Mediation: An welcher Stelle lässt sich der Hebel für die Konfliktklärung am wirkungsvollsten ansetzen?

Checkliste: Was ist zu klären vor der Mediation?

→ **Wer ist der Initiator der Mediation?**
- Wer ist mit Ihnen in Kontakt getreten? Die Personalabteilung, ein Mitarbeiter, eine Führungskraft? Wer vergibt den Auftrag? Wer bezahlt?

An diesen Daten orientiert sich der politische Wille. Sie erfahren, ob die Mediation von allen Beteiligten gewollt ist oder nicht und von welcher Ebene sie unterstützt wird (oder nicht!).

→ **Gibt es ein Organigramm?**
- Kann der Personalleiter die Funktionen der Mitarbeiter genau definieren?
- Haben die Mitarbeiterinnen genaue Arbeitsplatzbeschreibungen?
- Gibt es inoffizielle Positionen?
- Gibt es eine klare Leitung? Wird nach außen Verantwortung für das Team übernommen?
- Wo gibt es Unklarheiten?
- Was bringen die Auftraggeber als Thema ein?

- Welche Entscheidungsbefugnisse haben die Auftraggeber?
- Gibt es Interesse an der Klarheit der Strukturen in der Organisation, im Team?

→ Welche Handlungsspielräume habe ich als Mediator?

- Wen kann ich als Streitpartei in das Mediationsverfahren hinzuziehen?
- Gibt es bereits eine andere Intervention?
- Gibt es einen externen oder internen Organisationsberater?
  Lassen Sie sich die Erlaubnis geben, mit dem entsprechenden Berater in Kontakt zu gehen, sich auszutauschen, von verschiedenen Seiten zu arbeiten.
- In Einzelgesprächen kann es angemessen sein zu fragen, ob die Person evtl. Unterstützung durch ein Coaching erhält. Als von außen kommendes Mediationsteam haben wir Respekt vor der „älteren" Form der Beratung und versuchen mit ihr zu kooperieren, statt nebenher oder – ohne es zu wollen – gegen sie zu arbeiten.
- Der Betriebsrat kann in einer Organisation eine beratende Funktion haben. Prüfen Sie also, ob der Betriebsrat von dem Konflikt informiert ist.
- Gibt es bereits Abmahnungen, juristische Schritte?

→ Wie sind die internen Rahmenbedingungen?

Bei einer Mediation in Projektteams:
Klären Sie (eventuell schon per Mail) folgende Fragen:

- Wie lange läuft das Projekt schon?
- Welche Zielvereinbarungen gibt es?
- Welchen Projektrahmen gibt es?
- Mit welchem Budget?

Bei Mediationen in Abteilungen:

- Gibt es Ergebnisfeedbackgespräche?
- Gibt es Mitarbeitergespräche?

Bei einer Mediation zwischen Abteilungen:
Es hat sich bei Konflikten eines Teams mit angrenzenden Abteilungen als hilfreich erwiesen, vor der Mediation einen Katalog mit Fragen an die Teams zu geben, mit der Aufgabe, Klärungsfragen an die angrenzenden Kooperationspartner zu stellen. Vorschlag für Fragen:

1. Der Zufriedenheitspegel mit der Leistung dieser Abteilung zwischen 0 und 10.
2. Wo seht Ihr unsere Bedeutung, was bringen wir Euch?
3. Welche Wünsche und Bedürfnisse gibt es, die offen geblieben sind?

Allein dieser Prozess kann – bevor die Mediation überhaupt begonnen hat – schon einiges auslösen und in Gang bringen.

Umgang mit Rängen und Hierarchien

Ränge und Hierarchien haben einen bedeutenden Einfluss auf Konflikte.
Oft spielen ungeklärte Rollendefinitionen im Zusammenhang mit Macht, Entscheidungsbefugnissen und Verantwortung mit in die Konfliktproblematik hinein. Dabei sind es nicht nur die offiziellen, sichtbaren hierarchischen Strukturen, die die Realität einer Organisation mit sich bringen, sondern die inoffiziellen, nicht immer offen gelegten Kräfteverhältnisse, die sich über einen längeren Zeitraum, manchmal Jahre, oder sogar mehre Generationen entwickelt haben.

Wir möchten an dieser Stelle den Begriff der Ränge einführen, der auf Arnold Mindells Ansatz der Prozessorientierten Psychologie (POP) zurückgeht, denn er erlaubt einen differenzierten Einblick in die komplexe Dynamik von formellen und informellen hierarchischen Strukturen.

Mindell geht davon aus, dass der Wert eines Menschen für eine Gruppe oder Organisation unterschiedlich hoch ist, je nachdem was er an Wissen, Kompetenzen und Fähigkeiten mitbringt. Dabei spricht er nicht von dem Wert des Menschen an sich, sondern von dem Wert des Menschen, der ihm von einem bestimmten Kontext zugeschrieben wird, also in Relation zu den Zielen einer Gruppe in einem konkreten Kontext.

Ränge sind nicht statisch. Sie verändern sich in Bezug auf die Situation und den Kontext. Manche Ränge sind ererbt, manche selbst angeeignet.

Festgelegte (angeborene) Ränge
Geschlechtsrang: Mann oder Frau
Politisch-kultureller Rang: Herkunftsland, Hautfarbe, Zugehörigkeit zur ethnischen Gruppe
Altersrang: Alter (Lebenserfahrung)

Selbst geschaffene Ränge
Bildungsrang: Schulabschluss, Studium, Fortbildungen
Kommunikationsrang: Kenntnisse in Rhetorik, Mediation, Moderation, Gewaltfreier Kommunikation
Psychologischer Rang: Psychologisches Wissen, therapeutische Erfahrungen, Fortbildungen im Selbsterfahrungsbereich
Spiritueller Rang: Beschäftigung mit Sinnfragen, spirituellen Themen, Glauben, Meditation
Zeitrang: Länge der Zugehörigkeit zu einem Team, Organisation oder einer Gruppe

Ränge, die sowohl gegeben als auch selbstbestimmt sein können
Sozial-gesellschaftlicher Rang: Zugang zur gesellschaftlichen Macht, z.B. durch Geld und/oder Status kann geerbt oder selbst erarbeitet sein.
Schönheitsrang: Das Aussehen ist sowohl von gegebenen als auch von äußeren Faktoren (Kleider, Körperverfassung, Kosmetik etc.) beeinflusst.
Sexueller Rang: Leben von Hetero-, Homo- oder Bisexualität

Abb. 13a

Je höher der Rang, desto mehr Anerkennung (z.B. in Form von Geld), Status und Freiheit (der Wahl als Entscheidungsfreiheit, nicht unbedingt innere Freiheit) hat eine Person. Diesen Bereich nennen wir nach POP *Privilegien.* – Je höher der Rang (mit seinen dazugehörigen Privilegien) ist, desto höher ist allerdings auch die *Verantwortung,* die eine Person trägt.

Eine Führungskraft hat durch ihren Rang z.B. mehr Entscheidungsbefugnisse über Ressourcen als ein Mitarbeiter und unter Umständen einen teureren Dienstwagen. Dies sind ihre Privilegien. Das heißt aber auch, dass sie entsprechend mehr Verantwortung trägt für das Unternehmen und für seine Mitarbeiter, was bspw. mit sich bringt, dass sie über die üblichen Arbeitszeiten hinaus präsent ist.

Je niedriger der Rang, desto weniger Privilegien genießt die Person und desto weniger Verantwortung trägt sie auch. Ein niedriger Rang kann also durch die geringere Verantwortung auch Entlastung bedeuten.

Woher kommen die Konflikte in Organisationen aus systemischer Sicht?

Konflikte entstehen, wenn in einer Organisation bzw. in einem Team ein Rang-Ungleichgewicht entsteht, wenn also die Waage zwischen Privilegien und Verantwortung schräg steht, d.h.

- ➜ eine Person viele Privilegien hat und wenig Verantwortung wahrnimmt (z.B. ein hohes Gehalt erhält, jedoch keine klaren Ziele setzt, wenig präsent ist und sich nicht für Arbeitsergebnisse interessiert);
- ➜ eine Person viel Verantwortung trägt und wenig Privilegien hat (z.B. für alles „den Kopf hinhalten" muss, aber keine Entscheidungsbefugnis hat oder wenig Anerkennung bekommt).

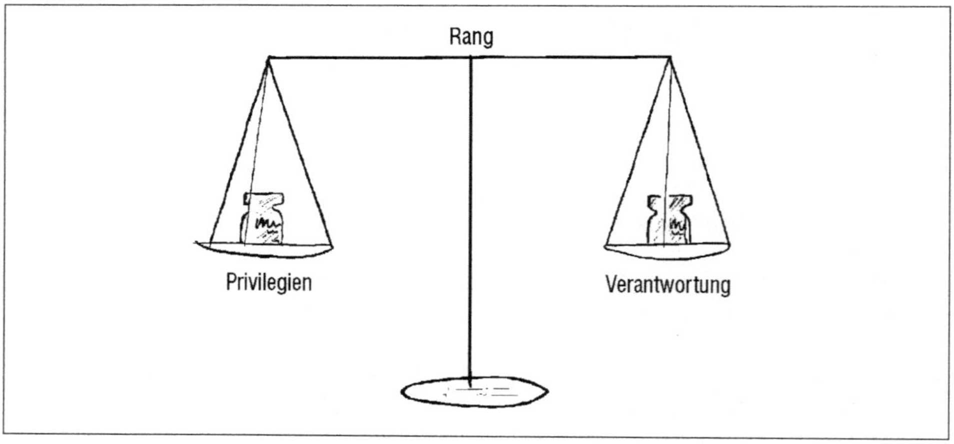

Abb. 13b: Rang (z.B. Führungskraft): Konflikte entstehen, wenn die von der Führungskraft wahrgenommenen Privilegien und Verantwortungen nicht ausgewogen sind.

Es ist für die Verständigung in Gruppen- und Teamkonflikten förderlich, wenn offizielle und inoffizielle Ränge angesprochen werden. Unsere Erfahrung ist, dass sich das Team dann entspannt, wenn wertgeschätzt wird, was Einzelne beitragen zum Team bzw. wenn ein Ungleichgewicht ausgesprochen und letztlich ausgeglichen wird. Die Bearbeitung des Konflikts und die Lösungssuche drehen sich oft um die Frage eines Ausgleichs: „Was brauchen Sie, um sich auf (den Vorschlag von Frau Huber) einzulassen?“ „Ich höre, Sie wären bereit, (regelmäßig das Protokoll zu schreiben), wenn Sie auf der anderen Seite (von der Moderation) entlastet würden.“

Als Mediationsteam garantieren wir die Gleichbehandlung aller Beteiligten, was nicht heißt, dass die Ränge aufgehoben werden. Gleiche Behandlung erfahren die Bedürfnisse, wie z.B. Bedürfnisse nach Wertschätzung und Sicherheit. Wie genau diese Bedürfnisse erfüllt werden können, das wird für einen Mitarbeiter evtl. anders aussehen als für eine Führungskraft.

Ränge – Umgang in der Mediation

Höherer Rang/Führungskraft

Welche Privilegien gilt es zu achten?
Beispiel: Entscheidungsbefugnisse

Welche Bedürfnisse sind zu würdigen?
Beispiele:
- Anerkennung, dass sich die Führungskraft dem Mediationsprozess aussetzt und öffnet (was er/sie nicht müsste) und/oder den Prozess unterstützt (finanziert)
- Wertschätzung seiner Verantwortung für die Mitarbeiter

Welche Ressourcen hat der Ranghöhere?
Beispiele:
- Zugang zu Informationen
- Finanzen/Budget
- Entscheidungen

Welche Gefahren bestehen für Führungskräfte?
Beispiel: Gesichtsverlust

Niedrigerer Rang/Mitarbeiter

Welche Ohnmacht gilt es zu würdigen?
Beispiel: Weniger Einfluss auf Entscheidungen und Vereinbarungen

Welche Entlastungen gilt es zu achten?
Beispiele:
- Mitarbeiterin hat weniger Verantwortung und Überblick bzgl. der Gesamtsituation für das Ganze
- Es ist entsprechend wichtig, sie nicht zu behelligen, von ihr die gleiche Verantwortung für die Lösungssuche und Offenheit zu erwarten

Ressourcen der Mitarbeiter
Beispiele:
- Zugehörigkeit zur Mehrheit, kann eher in der Masse/Gruppe untertauchen
- Praxiserfahrung, Detailwissen aus dem Arbeitsalltag

Welche Gefahren bestehen für den Mitarbeiter?
Beispiel: Den Arbeitsplatz zu verlieren

Abb. 14

PRAXISTEIL

Erste Phase der Konfliktklärung in Gruppen: den sicheren Rahmen schaffen

Einführung

In der ersten Phase geht es darum, **einen sicheren Rahmen zu schaffen**. Um für den Konfliktklärungsprozess offen zu sein, brauchen die Beteiligten einen geschützten Raum. Nach der Begrüßung der Konfliktparteien gibt es drei Komponenten, die für diese Phase wichtig sind – ich nenne sie die drei Vs. Sie stehen für *Verfahren, Vereinbarungen* und *Verantwortung.*

In der ersten Phase stellen Sie die Weichen für den Mediationsprozess. Manchmal erscheint es einem verführerisch, besonders bei einem knappen Zeitbudget, auf diese Phase zu verzichten und gleich loszulegen. Die Erfahrung zeigt jedoch, wie wichtig diese Phase ist, um eine vertrauensvolle Arbeitsbasis zu schaffen. Wenn die Beteiligten nicht immer wieder neu für sich klären müssen, wie weit sie sich auf die Mediation einlassen wollen, sondern sich alle sicher fühlen und der Rahmen stimmt, dann sparen Sie letztendlich Zeit.

Die drei Vs

Verfahren

Fragen Sie am Anfang, inwieweit den Anwesenden Mediation als Konfliktklärungsmethode bekannt ist. Erklären Sie nach Bedarf mit einigen Worten die Grundprinzipien der Mediation und erläutern Sie die fünf Phasen. Zur Visualisierung können Sie eine Vorlage oder ein Plakat nutzen, auf dem die fünf Phasen dargestellt sind, (s. S. 18).

Vereinbarungen

Vereinbarungen können gemeinsam mit den Medianten verhandelt und formuliert werden. Meine Erfahrung mit Gruppenmediationen ist jedoch, dass zu Anfang Unruhe herrscht und die Mediantinnen mit dem Klärungsprozess beginnen wollen. Folgendes Vorgehen hat sich bewährt: Bereiten Sie die folgenden Vereinbarungen schriftlich vor, teilen Sie sie als Vorlage an die Anwesenden aus und fragen Sie, ob alle damit einverstanden sind. Meistens kommt als Rückmeldung ein allgemeines Nicken. Je größer die Gruppe, desto stärker ist meist das Bedürfnis, sobald wie möglich in den Konflikt einzusteigen.

Vertraulichkeit
Alles, was im Rahmen der Mediation gesagt wird in Verbindung mit Namen, bleibt unter den Anwesenden. Die Weitergabe von Informationen an weitere Personen wird gesondert mit allen Anwesenden abgesprochen.

Gesprächsregeln
- ➜ Die Anwesenden lassen sich gegenseitig ausreden.
- ➜ Alle Beteiligten bemühen sich, für sich selbst zu sprechen (statt allgemeine Aussagen über „die Gruppe" o.Ä. zu machen).

Verantwortung

Unterstützen Sie sich und die Streitparteien, indem Sie vor Beginn der 2. Phase die Rollen und Aufgaben aller Anwesenden klären, und damit die der Verantwortlichkeit:
- ➜ Ihre Verantwortung als Mediator oder Mediatorin ist es, den Klärungsprozess zu unterstützen. Das bedeutet, dass Sie das Gespräch moderieren und strukturieren. Durch aktives empathisches Zuhören helfen Sie den Medianten, ihre Interessen und Bedürfnisse hinter den Positionen zu benennen und Vereinbarungen zu formulieren.
- ➜ Die Konfliktparteien sind für die Inhalte der Mediation verantwortlich. Sie selbst tragen die Verantwortung für ihre Aussagen. Sie sind außerdem verantwortlich dafür, ihre Bedürfnisse und Störungen während des Verfahrens zu äußern. Jede beteiligte Streitpartei übernimmt schließlich die Verantwortung für die Inhalte der Vereinbarungen und deren Umsetzung.

Zweite Phase der Konfliktklärung in Gruppen: Erhebung

Kapitelübersicht → Zweite Phase: die Erhebung

Einführung

Meist nennen **Auftraggeber** einen Anlasskonflikt (z.B.: „Streit über die Ursachen eines gescheiterten Projekts und abgebrochene Kooperation") oder eine allgemeine Konfliktlage („Im Team gibt es viele Spannungen und daher eine verminderte Arbeitsleistung"). Um ein Team erfolgreich bei der Bearbeitung des Konflikts und schließlich bei der Suche nach nachhaltigen Lösungen unterstützen zu können, sollten Sie erst einmal erheben, was die **Mediationsteilnehmer und -teilnehmerinnen** selbst als Konflikt definieren bzw. wo die Ursachen des Frusts und des Ärgers sitzen. Dazu geben Sie den Medianten Methoden an die Hand, mit denen sie ihre Meinungen, Gefühle und Interessen klar ausdrücken können. Meine Erfahrung ist, dass bei Einfühlung und erfolgreicher Bearbeitung der von den Streitparteien selbst definierten brennendsten Konfliktthemen die Bereitschaft wächst, sich dem Gesamtbild zuzuwenden und Lösungswege mit Ideen und Energie zu unterstützen.

Zur Erhebung des Konflikts gibt es je nach Zielgruppe, Gruppengröße und Eskalationsgrad verschiedene Möglichkeiten/Methoden. **Je nüchterner, sachorientierter oder konservativer die Zielgruppe**, desto vorsichtiger dosieren Sie ganzheitliche Methoden und orientieren sich an der in der Organisationskultur üblichen Vorgehensweise. **Je größer die Gruppe**, desto mehr Moderationstechnik setzen Sie ein, wie Kartenabfragen, Kleingruppenbildung usw., um möglichst viele Stimmen zu hören und Ressourcen zu nutzen. **Je höher der Eskalationsgrad**, desto früher gehen Sie in die direkte Ansprache von Personen, um ihnen nach Herstellung eines klar geschützten Raumes allparteiliche Einfühlung zu geben.

PRAKTISCHE METHODEN:

1. Zeitungseinstieg

Kurzbeschreibung

Mittels eines in wenigen Minuten gebastelten Symbols aus Zeitungspapier macht jedes Gruppenmitglied eine erste Aussage (ein Gefühl, eine Assoziation oder eine direkte Benennung) zum bestehenden Gruppenkonflikt.

Der „Zeitungseinstieg" ist sinnvoll bei folgenden Voraussetzungen

- ✓ Die Gruppe besteht aus **mehr als acht** Streitparteien. Sie möchten als Mediationsteam einen frühzeitigen und kurzen Beitrag und Eindruck vom Konflikt seitens aller Streitparteien erhalten.
- ✓ Im Raum herrscht **stark angespanntes** Schweigen zu Beginn der Mediation. Sie möchten mit einem spielerischen Einstieg das „Eis brechen".
- ✓ **Das Konfliktthema ist unklar.** Sie wünschen sich gleich zu Beginn eine Aufklärung über die Konfliktthemen.
- ✓ Die Kultur der Organisation lädt dazu ein, mit sachlichen Argumenten über emotionale Konflikte zu sprechen. Von daher ist dem Mediationsteam trotz Vorgespräch nicht deutlich, **wie weit der Konflikt eskaliert ist und wie die emotionale Lage der Streitparteien** aussieht. Sie haben das Ziel, von Anfang an in direkten Kontakt mit der emotionalen Befindlichkeit und der unterschiedlichen Betroffenheit durch den Konflikt zu kommen.

Die Struktur des Zeitungseinstiegs

1. Vorbereitung
Sie legen einen Stapel Zeitungen in die Mitte des Raumes.

2. Auftrag an die Gruppe
Sie laden die Teilnehmenden ein, sich eine Zeitungsseite zu nehmen und diese zu knicken, zu falten oder zu reißen – als Symbol und Einstieg zu folgenden Fragen:

- ➜ *„Wie geht es Ihnen mit dem Konflikt in der Gruppe/im Team/im Gremium ...?"* Oder:
- ➜ *„Was ist aus Ihrer Sicht los in der Gruppe/im Team/im Gremium ...?"* Oder:
- ➜ *„Wie ist zurzeit die Stimmung in der Gruppe/im Team/im Gremium ...?"* Oder:
- ➜ *„Was ist Ihrer Wahrnehmung nach passiert, dass Sie hier in einer Mediation sitzen?"*

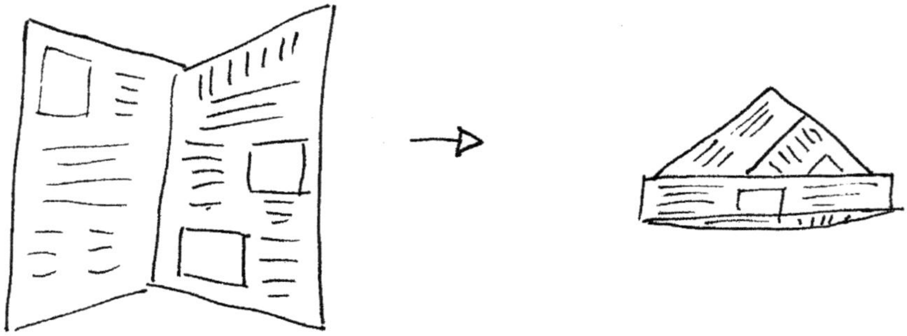

Abb. 15

3. … mit gleichzeitiger Demonstration
Sie zeigen ein Beispiel: Sie reißen eine Seite aus der Zeitung, knüllen sie zusammen und erklären, was die zerknüllte Zeitung Ihrer Meinung nach symbolisiert (Beispiel: *„Wir werfen uns nur noch Positionen an den Kopf, reden aber nicht mehr richtig miteinander“).*

4. Einstiegsrunde
Sie laden jede Person ein, ihren Namen und ihre Tätigkeit zu nennen und ihr Symbol zu erklären. Sie können dabei Notizen machen, für sich als Gedächtnisstütze und gleichzeitig auch, um den Sprechenden Wertschätzung und Bedeutung der Aussagen zu signalisieren.

Variante:
Bei einer Gruppengröße ab 10 Personen empfiehlt es sich, die Teilnehmenden zu bitten, sich nach eigener Wahl zu zweit (in Gruppen ab 18 zu dritt) zusammenzusetzen und ein gemeinsames Symbol zu kreieren. Bei der Runde stellt sich allerdings jede Person selbst vor.

Techniken in der Methode

Aktives Zuhören bei der Einstiegsrunde

Chancen der Methode

Festgefahrene Redeweisen über den Konflikt werden durch den Überraschungseffekt der unerwarteten und praktischen Methode vermieden; das „unbewusste“ Wissen über den Konflikt kommt über die Symbolik zum Ausdruck; jede Person kommt gleich zu Anfang zu Wort; manche Symbole können als Bilder während der Mediation dienen und weiterbearbeitet werden. Nicht nur Sie als Mediationsteam kommen in Kontakt mit der Befindlichkeit der Streitparteien, sondern auch die Teilnehmenden untereinander.

Risiken der Methode und Tipps

Die Teilnehmenden haben einen hohen emotionalen Druck beim Konfliktthema, so dass sie sich nicht mehr auf die spielerische und symbolische Seite des Zeitungseinstiegs einlassen können. In diesem Fall sofort „Erste-Hilfe-Einfühlung" geben und nicht auf der Methode bestehen!

Praxisbeispiel: Pflegeteam Krankenhaus Köln (9 Personen)

Vorgeschichte:
Meine Co-Mediatorin und ich begrüßen zehn Mitarbeiter und Mitarbeiterinnen aus dem Bereich Pflege und besprechen mit ihnen die Vereinbarungen zur Durchführung der Mediation. Das Team hat sich bereit erklärt, die vorgeschlagenen Vereinbarungen einzuhalten. Die Atmosphäre scheint angespannt. Wir drücken unser Bedürfnis aus, möglichst rasch mit den Stimmungen und Anliegen der Einzelnen in Kontakt zu kommen und bitten die Beteiligten, sich auf einen möglicherweise ungewöhnlichen Einstieg einzulassen.

Anwendung der Methode „Zeitungseinstieg":
Wir legen einen Stapel Tageszeitungen in die Mitte und bitten darum, dass sich jede Person eine Zeitungsseite nimmt, um daraus ein Symbol auf die Frage zu reißen, zu knicken oder zu falten: *„Worin besteht aus Ihrer Sicht der Konflikt im Team?"* Als Beispiel formt meine Kollegin einen Ball aus einer Seite und sagt: *„Sie könnten mit dem geknüllten Ball zum Beispiel dies ausdrücken: Wir werfen uns nur noch Positionen an den Kopf, ohne uns richtig zuzuhören."* Dann wirft sie den Ball scheinbar jemandem an den Kopf. Was folgt, ist Gelächter. Es kommt Bewegung in die Gruppe. Nachdem wir die Bitte geäußert haben, das Symbol nach Möglichkeit recht spontan zu formen, nimmt sich jede Person ohne weitere Aufforderung ein Blatt und beginnt. Wir hören immer wieder Gelächter und Seitenbemerkungen, Hin- und Herschauen auf die Symbole der anderen, bis die Gruppe zur Ruhe kommt.

Nun bitten wir das Team, nacheinander sich selbst – mit Namen und Funktion – und das eigene Symbol vorzustellen. Während der Vorstellung machen wir uns Notizen, um in unseren Pausenreflexionen und für eine mögliche Fallsupervisonssitzung Personen, Funktionen und erste Themen präsent zu haben. Frau Knäul, Pflegerin mit voller Stelle und seit 15 Jahren in demselben Krankenhaus, hat eine Zeitung so zerrissen, dass der Rahmen noch zusammen hält, die einzelnen Teile aber z.T. heraushängen. *„Ich hab' das Gefühl, wir sind alle schon innerlich am Kündigen. Ich finde das so schade. Wir waren ein super Team. Aber seitdem hier die große Umstrukturierung im Haus ist, mit massiven Einsparungen am Personal, da kümmert sich jeder nur noch um's eigene Fortkommen."* Wir hören Frau Knäul aktiv zu, fassen ihre Gefühle und Beobachtungen zusammen, fragen, ob sie noch etwas hinzufügen möchte. Nach Frau Knäul möchte Herr Klever, seit drei Jahren Pfleger und erst seit einem Jahr im Team, sein Symbol vorstellen. Er äußert sich überrascht, dass Frau Knäul *„nur"* den äußeren Druck auf das Team erwähnt hat. Seine Zeitungsseite ist halb durchgerissen: *„Hier geht doch ein Riss quer durch's Team. Da traut doch die eine Seite der anderen nicht. So habe ich mir das Arbeiten auf Station nicht vorge-*

stellt. Das macht keinen Spaß." Auch hier hören wir erst einmal aktiv zu, ohne bereits weiter in die Themen zu dringen. Frau Rodenkirchen hat aus ihrer Zeitungsseite ein Rechteck in Form eines Fernsehers gerissen. Dahinter hält sie ein Zeitungsfoto von zwei Politikern, die sich in einer Gipfelkonferenz die Hände reichen. *„Sagen wir's doch mal direkt: Es gibt hier einen Konflikt zwischen Ute und Hans-Jochen, wo wir mehr oder weniger alle mit drinhängen seit letztem November. Und wenn wir das in dieser Mediation nicht schaffen, das da mal Frieden reinkommt, dass ihr euch mal die Hände reicht, dann weiß ich auch nicht ..."* Wir hören aktiv zu und fragen, wer Ute und Hans-Jürgen sind. Hans-Jürgen Maier drängt jetzt darauf, weiterzumachen: *„Ich hatte ursprünglich ein eher softes Symbol gemacht, aber wo jetzt eh die Karten auf den Tisch kommen, sage ich mal, es reicht mir langsam."* Er zerreißt vor unseren Augen sein sauber gefaltetes Blatt Zeitung und fährt fort: *„Meine Arbeit wird hier ständig auseinander genommen, seit Ute da ist. Aber wieso ihr da alle mit drinhängen sollt, das sehe ich nicht so."*

Alle Teammitglieder stellen sich nacheinander mit Symbol vor, wir hören allen aktiv zu. Am Ende der Runde fragen wir nach ersten Eindrücken. Manche äußern sich überrascht, wie verschieden „der" Konflikt gesehen wird. Einige sind froh, dass schon nach 20 Minuten eine relativ große Offenheit herrscht. Viele sind aufgeregt, was nun mit den Themen passiert. Wir laden die Gruppe an das Kaffeebüfett ein und besprechen als Mediationsteam unsere Eindrücke und unser weiteres Vorgehen.

Überblick: „Zeitungseinstieg"	
Kurzbeschreibung	Individuell gebasteltes Symbol aus Zeitungspapier zum Gruppenkonflikt
Einsatz	→ Die Gruppe besteht aus mehr als acht Streitparteien. → Schweigen und Zurückhaltung dominieren. → Das Konfliktthema ist unklar.
Chancen	✓ Überraschungseffekt: Das „unbewusste" Wissen über den Konflikt kommt über ein Symbol zum Ausdruck. ✓ Jede Person kommt gleich zu Anfang zu Wort. ✓ Ermöglicht direkten Kontakt mit der emotionalen Befindlichkeit der Einzelnen. ✓ Die Themenfelder werden gleich zu Anfang genannt.
Risiken	Die spielerische und symbolische Seite des Zeitungseinstiegs überfordert die unter hohem emotionalen Druck stehenden Teilnehmenden; sie möchten sich sofort verbal ausdrücken.

2. Schriftlicher Fragebogen

Kurzbeschreibung

Mittels eines vierteiligen Fragebogens machen die Teammitglieder erste Aussagen zur eigenen Person, zur eigenen Funktion in der Organisation, zum Konfliktthema und zur Erwartung an die Mediation.

Der „schriftliche Fragebogen" ist sinnvoll bei folgenden Voraussetzungen

✓ Der Fall erscheint **komplex**.
✓ Bei den Streitparteien handelt es sich um **verschiedene Funktionen, Rollen, Hierarchieebenen**.

Die Struktur des schriftlichen Fragebogens

1. Jede teilnehmende Person füllt folgenden vorgedruckten Fragebogen aus:

a) Wer bin ich? Name, Beruf, evtl. andere Angaben zur Person

b) Welche Funktion habe ich im Team?
 – *Wie viele Stunden arbeite ich pro Woche?*
 – *In welchem Bereich bin ich tätig?*
 – *Welche speziellen Aufgaben habe ich übernommen?*

c) Welches Thema bzw. welche Themen soll(en) meiner Ansicht nach in dieser Mediation bearbeitet werden?

d) Was erwarte ich mir konkret von dieser Mediation? Was soll hier passieren bzw. nicht passieren?

2. Jede Person stellt sich vor.
3. Die Antworten zu den Fragen c) und d) notiert das Mediationsteam auf Moderationskarten und sortiert sie anschließend mit der Gruppe auf einer Pinnwand.

Techniken in der Methode

Aktives Zuhören als Hilfe zum Verständnis der Antworten v.a. zu den Fragen c) und d) des Fragebogens; Visualisierung durch Moderationskarten.

⇢ Chancen der Methode

Gerade Menschen, die viel „mit dem Kopf" arbeiten und denen „weiche" Methoden in Form von direkter emotionaler Auseinandersetzung suspekt erscheinen, finden durch einen Fragebogen und den Einsatz von Moderationskarten einen angenehmen, weil bekannten Einstieg in die Mediation. Gleichzeitig hat das Mediationsteam auf mehreren Ebenen (Individuen, Organigramm der Gruppe, Konfliktthemen, Wünsche zur Methodik) eine Übersicht gewonnen.

⇢ Risiken der Methode und Tipps

Wenn das Konfliktthema bei allen Teilnehmenden Konsens ist, der Zeitrahmen kurz und die Streitparteien angespannt sind, kann eine Gruppe den Fragebogen als überflüssig und zeitraubend ablehnen. In diesem Fall nehmen Sie das von allen benannte Konfliktthema auf und beginnen sofort mit seiner Bearbeitung.

Praxisbeispiel: Projektteam E-Learning Verlag Chemnitz-Prag (8 Personen)

Das Team hat mich und meinen Co-Mediator für eine Mehrparteienmediation engagiert, da, wie der Projektleiter, Herr Steinbeck, am Telefon ausdrückte *„...die Störungen in der Zusammenarbeit derart zugenommen haben, dass das Projekt fast zum Erliegen kommt."* Er fügt hinzu: *„Möglicherweise habe ich ja auch Anteil am Konflikt. Ich weiß es nicht."* Es geht bei dem Projekt um die Entwicklung einer Software für „Deutsch als Zweitsprache", die einen innovativen softwarebasierten Gesprächstrainer beinhaltet. Das Projekt steht unter hohem Zeitdruck, da ein direkter Konkurrenzverlag an einer ähnlichen Software arbeitet und der Zeitpunkt der Markteinführung entscheidend für den Erfolg des Produktes ist.

Der Workshop zur eintägigen Mehrparteienmediation findet im Verlagsmutterhaus in Chemnitz statt. Es nehmen der Projektleiter und die sieben Projektmitarbeiter und -mitarbeiterinnen teil. Vier Mitarbeitende stammen aus Tschechien, drei aus Deutschland. Die Workshopsprache ist Deutsch, wie auch in Projektsitzungen Deutsch gesprochen wird. In der ersten Phase der Mediation verabreden wir mit der Gruppe Gesprächsregeln und geben Auskunft über das Verfahren.

Anwendung der Methode „Schriftlicher Fragebogen":

Um uns selbst Überblick über Rollen, Funktionen, Hierarchien, Konfliktthemen und Erwartungen zu verschaffen und jeden einzeln zu Gehör kommen zu lassen, schlagen wir den „Schriftlichen Fragebogen" als Einstieg vor. Nachdem wir ihn gemeinsam mit den Teilnehmenden durchgegangen sind und Verständnisfragen geklärt haben, bitten wir die Teilnehmenden, den Fragebogen (s.o.) auszufüllen.

Nachdem alle wieder mit ausgefüllten Fragebögen auf ihre Plätze zurückgekehrt sind, laden wir die Teammitglieder ein, sich einzeln vorzustellen. *„Ihre Antworten auf die Frage c) schreiben wir groß und lesbar auf diese Moderationskarten, um später gemeinsam mit ihnen arbeiten zu können."* Bei der Beantwortung der Frage *„Wer bin ich?"* gibt es viel Gelächter, da – vor allem die tschechischen Teammitglieder – einige witzige Antworten auf die Frage *„Wer bin ich?"* geben: *„Tibbfählerkönig"*, *„Capt'n Coding"*. Bei der Beantwortung der Frage b) erfahren wir zahlreiche Details über die Aufgabenverteilung und Funktionen der Einzelnen. Wir entscheiden uns spontan, mit den Teilnehmenden ein Organigramm auf dem Flipchart zu notieren, um uns später orientieren zu können und möglicherweise konfliktstützende Strukturen zu erkennen. Auf die Frage *„Welches Thema bzw. welche Themen soll(en) meiner Ansicht nach in dieser Mediation bearbeitet werden?“* hören wir und notieren auf Karten:

- → *Ressourcenmangel: Wie soll in der zu knappen Zeit ein innovatives Produkt erstellt werden?*
- → *Qualitätsmanagement: Superproduktidee, aber die Ausführung lässt zu wünschen übrig.*
- → *Koordination: Viel doppelte Arbeit und Arbeitsdruck aufgrund unklarer/veränderter Vorgaben.*
- → *Teameinsatz: Mehr Flexibilität beim Produktionsablauf.*
- → *Kommunikation Geschäftsführung/Team: Vorverlegung des Erscheinungstermins geschah, ohne die Beteiligten zu befragen.*
- → *Kommunikation im Team: Vereinbarte Arbeitspakete werden zu spät fertig und die Projektleitung erfährt davon viel zu spät.*
- → *Kompetenzen GF/Teamleitung: Team hat oft Entscheidungen direkt von GF bekommen, die dann vom PL relativiert wurden. – Wer ist wofür verantwortlich?*

Erwartungen hinsichtlich der Mediation bestehen vor allem in der Wiederherstellung der Kooperationsfähigkeit im Team. Außerdem wünscht sich das Team ein effizientes Arbeiten und möglichst die Begrenzung auf diesen einen Tagesworkshop.

Nach Beendigung der Vorstellung der Fragebogenantworten bitten wir das Team, den Fokus auf die Karten zu den KONFLIKTTHEMEN zu richten: *„Sind die acht Themen je eigene Themenfelder oder lassen sich einige Karten als ein Themenfeld zusammenfassen?“* Nach einem Austausch von 20 Minuten hängen vier Begriffe zu Themenfeldern an der Pinwand:

(1) Projektkoordination
(2) Ressourcen
(3) Kommunikation
(4) Produktumsetzung

Die Diskussion hat ergeben, dass Thema (3) *Kommunikation* die höchste Dringlichkeit hat. Die Gruppe möchte erst nach der Bearbeitung dieses Themas entscheiden, in welcher Reihenfolge sie die anderen drei Themen bearbeiten möchte. Nach Abschluss der Erhebungsphase verabreden wir eine Pause von 15 Minuten.

Überblick: „Schriftlicher Fragebogen“	
Kurzbeschreibung	Vierteiliger Fragebogen mit Fragen zur eigenen Person, zur Funktion in der Organisation, zum Konfliktthema und zur Erwartung an die Mediation
Einsatz	Komplexität der Gruppe, der Funktionen und des Konfliktfalls
Chancen	✓ Bereitschaft der Gruppe meist groß, da vertrautes Vorgehen ✓ Rascher Überblick über zahlreiche Informationen
Risiken	Bei klarem Konfliktthema und kleinem Zeitfenster möglicherweise zu viel Aufwand

3. Sternpositionierung

Kurzbeschreibung

Die im Kreis stehenden Gruppenmitglieder treffen einzelne Aussagen zum Konflikt, in dem sie nacheinander individuell in die Kreismitte gehen, dort ihre Meinung, ihr Gefühl oder ihr Anliegen zum Ausdruck bringen und sehen, wie sich die anderen zur Aussage stellen: räumlich nah als Zeichen für Übereinstimmung; fern als Zeichen für Nichtübereinstimmung.

Die „Sternpositionierung" ist sinnvoll bei folgenden Voraussetzungen

- ✓ In der Gruppe bestehen fast **keine hierarchischen Unterschiede** und Abhängigkeiten.
- ✓ Die Gruppe **arbeitet schon eine geraume Zeit miteinander**. Ihre Mitglieder kennen sich gut und kommunizieren viel miteinander.
- ✓ Ein **Vertrauen unter den Mitgliedern der Gruppe ist grundsätzlich vorhanden**, auch wenn aktuell Konflikte vorliegen, die viel Schmerz und hohe Frustration mit sich bringen.

Die Struktur der „Sternpositionierung" – *Anleitung*

- ➜ Sie bitten die Teilnehmenden, sich in Kreisform aufzustellen. Der Raum im Kreis ist frei von Gegenständen.
- ➜ Nun bitten Sie die Gruppenmitglieder, sich zu überlegen, was in der Gruppe los ist. (Alternativ: *„Was sind aus Ihrer persönlichen Sicht die Konfliktthemen?"* oder: *„Worin besteht Ihrer Wahrnehmung nach der Konflikt?"*)
- ➜ Sie bitten darum, wenn jemand für sich ein Thema definiert hat, sich in die Mitte zu stellen und dieses Thema zu benennen. (Bitte nur ein Thema in einer Aussage, kein „und", „oder" sowie Nebensätze.)
- ➜ Stellen Sie mit Ihrem Körper ein Beispiel vor. Gehen Sie selbst in die Mitte und machen eine konstruierte Konfliktthema-Aussage, z.B.: *„Unser Problem ist, dass wir bei Spannungen nicht mehr direkt miteinander reden."*
- ➜ Danach können sich alle anderen gleichzeitig zu dieser Aussage positionieren: nah zu der sprechenden Person, wenn sie die Ausssage unterstreichen wollen, und weit weg, wenn sie die Wahrnehmung nicht teilen. Dazwischen ist jede Abstufung möglich. Bei klarer Positionierung gehen alle wieder in die ursprünglichen Ausgangspositionen im Kreis. Jemand anderes stellt sich mit einer nächsten Aussage in die Mitte.

Abb. 16

→ Eine hilfreiche Variante ist, dass Sie nicht nur zuschauen und -hören, sondern die Aussagen auf Moderationskarten mitnotieren (bitte nicht direkt auf ein Flipchart; das lenkt ab). Erklären Sie dies vor Beginn.

Techniken in der Methode

Einsatz von Körperpositionierung im Raum; abgestufte Mehrheitsabfrage; Fokussierung auf eine Aussage, Mitschreiben auf Moderationskarten

Chancen der Methode

Wenn die Methode von der Gruppe angenommen wird, wirkt sie belebend und fördert Offenheit. Die Dinge werden rasch beim Namen genannt. Jede Person kann sich individuell positionieren und äußern. Alle Teilnehmenden erfahren, dass Auffassungen und Einschätzungen differenziert geteilt werden. Wo Meinungen vor der Mediation oft als eindeutig polarisiert eingeschätzt wurden, stellen sie sich plötzlich als von Person zu Person verschieden bewertet heraus. Das wirkt entspannend, erhöht die Neugier und die Offenheit hinsichtlich des Mediationsprozesses. Dem Mediationsteam bietet die Sternpositionierung einen raschen Kontakt zu den anstehenden Themen der Gruppe.

Risiken der Methode und Tipps

Die Mitglieder der Gruppen fühlen sich zu exponiert, um Aussagen in der Mitte zu treffen. Es findet sich keine Person, die beginnt. Es herrschen lange Schweigepausen.

Gehen Sie in diesem Fall direkt in Kontakt mit der Gruppe: Fragen Sie, was los ist; geben Sie Empathie auf die Bedürfnisse nach Sicherheit, Kommunikation oder anderen. Wechseln Sie u.U. die Methode.

Praxisbeispiel: Bürogemeinschaft in Hamburg (12 Personen)

Vorgeschichte:

Zwei Gesellschafter einer GbR (Gesellschaft bürgerlichen Rechts), Franz Schäfer und Sven Maibach, hatten 2001 in einem renovierten und umgebauten ehemaligen Fabrikgebäude eine Halle von 270 qm Fläche gemietet. Zehn weitere Einzelunternehmer und -unternehmerinnen wurden gewonnen, diese Fläche per Untermiete als Bürofläche mitzunutzen. Bedingung war, dass Personen aus dem eigenen Freundeskreis angesprochen werden, welche ein hohes Vertrauen der Mieter genießen. Als alle Beteiligten gefunden und Untermietverträge unterschrieben waren, teilten die Beteiligten die Fläche einvernehmlich in Büronischen auf. Nach zwei Jahren stellen sie fest, dass unterschwellige Spannungen und offene Konflikte die Koexistenz auf der Großraum-Bürofläche bedrohen. Sie buchen eine Mediation mit mir und einer Co-Mediatorin als Mediationsteam. Nach der Schaffung des sicheren Rahmens durch Gesprächsregeln und Verfahrensklärung schlagen wir die Sternpositionierung als erste Methode der Konflikterhebung vor.

Anwendung der Methode „Sternpositionierung":

Wir laden die Teilnehmenden ein, sich im Kreis aufzustellen. Um die Methode zu verdeutlichen, führen wir das, was wir erklären, gleich selbst an einem Beispiel aus: Meine Kollegin geht in die Kreismitte und antwortet auf die Leitfrage: *„Was ist aus Ihrer Sicht der Konflikt?"* mit einer einzigen Aussage (ohne Neben- oder Schachtelsätze). Ihr Beispiel lautet *„Wir reden nicht mehr miteinander."* Danach kann sich jede Person zuordnen: Wenn sie der Aussage zustimmt, stellt sie sich zur Person in der Mitte; wenn sie mit der Aussage nicht übereinstimmt, bleibt sie im Außenkreis. Auf der Achse vom eigenen Standort bis zur Person in der Mitte kann sie jeden Grad an Übereinstimmung ausdrücken.

Herr Meisterjahn beginnt mit der Aussage: *„Die Menge an Menschen im Raum ist beengend."* Daraufhin ordnen sich vier Personen in relativer Nähe zu. Die meisten bleiben im Außenkreis stehen. Frau Wagners Aussage lautet: *„Die Nischen der Einzelnen sind ungerecht verteilt."* Bei dieser Position rücken sechs von zwölf Personen in die Mitte. Hier scheint ein großer Konfliktpunkt zu liegen. Frau Schiffer-Schmidt äußert sich in der Mitte mit dem Statement: *„Manche sind hier beliebter."* Bei dieser Aussage zögern einige und andere stöhnen genervt auf. Einige schauen das Mediationsteam hilfesuchend an. Wir wenden uns an Frau Schiffer-Schmidt und unterstützen sie bei der Präzisierung der Aussage. Jetzt äußert sie: *„Es gibt einen Kernkreis um Franz und Sven und einen Außenkreis, und das finde ich problematisch."* Wieder gibt es ein Raunen und Zögern in der Gruppe: *„Sollen wir jetzt auf die erste Aussage reagieren oder auf die zweite?"* Wir schlagen vor, eine Aussage nach der anderen anzubieten. Mit der Aussage der Existenz von Kern- und Außenkreis stimmen ca. neun Personen überein; auf *„... und das finde ich problematisch"* rücken fünf Personen in die Nähe der Sprecherin. Weitere Aussagen sind: *„Ein Problem ist, dass manche ihre Nischen mit Regalen und Stapeln ausdehnen"* (hohe Übereinstimmung); *„Die Plätze im Innenraum sind unangenehm dunkel im Gegensatz zu denen an den Fenstern"* (relativ hohe Übereinstimmung), und: *„Ich zahle zu viel für einen Platz, wo in meinem Rücken dauernd die Tür auf und zu geht"* (niedrige Übereinstimmung). Nach der letzten Aussage geht eine von uns in die Mitte und lässt einen *„Versuchsballon"* steigen mit der Aussage: *„Der Anteil an der Miete stimmt nicht mit der Qualität meiner Arbeitsnische überein."* Hier ordnet sich über die Hälfte der Gruppe zu. In diesem Moment entsteht eine Menge spontaner Meinungsäußerungen von *„Ich bin ja bereit, für einen guten Platz mehr zu zahlen"* (Herr Weilandt) über *„Das sind doch alles Ablenkungs-*

manöver vom eigentlichen Konflikt" (Frau Kürhan) zu *„Ja, was meinst du denn damit genau?"* (Herr Schäfer). Frau Kürhan berichtet von einer der zweimonatlichen Sitzungen der Bürogemeinschaft, in der sie sich extrem unbehaglich gefühlt hatte, als sie aus ihrer Sicht feststellte, wie Frau Schiffer-Schmidts und Frau Ingens Wortmeldungen mehrfach von Herrn Schäfer übergangen worden waren. Ihr Bedürfnis nach Gleichbehandlung war seitdem unerfüllt.

Es ist eine Menge Energie und Bewegung in die Gruppe gekommen. Drei Themen liegen auf dem Tisch, nämlich 1) die Verteilung der Nischen, 2) der finanzielle Ausgleich für die qualitativ unterschiedlichen Nischen und 3) ein Beziehungsthema, welches noch präzisiert werden müsste. Wir schlagen eine Pause vor, um danach mit der Gruppe zusammen das bisher Gehörte zusammenzufassen und weitere Verfahrensschritte zur Klärung und zur Bearbeitung der Themen zu entwickeln.

Überblick: „Sternpositionierung"	
Kurzbeschreibung	Gruppenmitglieder äußern einzelne Aussagen zum Konflikt, indem sie sich in die Mitte des Kreises stellen; andere stellen sich gemäß des Grads ihrer Zustimmung nah oder fern dazu.
Einsatz	➔ Keine offiziellen Hierarchien in der Gruppe ➔ Die Teilnehmenden kennen sich bereits längere Zeit. ➔ Grundsätzliches Vertrauen in der Gruppe vorhanden
Chancen	✓ Beschleunigt das offene Ansprechen der Konflikte. ✓ Gibt raschen Überblick über Konfliktaspekte. ✓ Zeigt die Verschiedenheit der individuellen Einschätzungen und Übereinstimmungsgrade. ✓ Jede/r Einzelne kann sich mit geringem Zeitaufwand zum Gesagten positionieren.
Risiken	Die Einzelnen fühlen sich gehemmt und überfordert, sich gleich zu Beginn mit einer individuellen Aussage zu öffnen.

4. Schriftliche Themensammlung und Priorisierung

Kurzbeschreibung

Die Gruppe sammelt ihre Konfliktthemen in schriftlicher Form und entscheidet gemeinsam die Wichtigkeit und Reihenfolge ihrer Bearbeitung.

... ist sinnvoll bei folgenden Voraussetzungen

✓ Die Gruppe hat **mehr als acht Teilnehmende**.
✓ Sie wissen aus dem Vorgespräch, dass es in der Konfliktbearbeitung weniger um Beziehungskonflikte als um **Unstimmigkeiten in Bezug auf Arbeitsabläufe** geht.
✓ Sie ahnen, dass hinter dem benannten Konfliktthema **mehrere Unterthemen** stecken.
✓ In der Zielgruppe ist der schriftliche Ausdruck im Plenum und **das Arbeiten mit Moderationselementen üblich**.

Die Struktur der Themensammlung und Priorisierung

1. Anleitung der Themensammlung: verschiedene Alternativen zur Gestaltung

→ Sie bitten die Gruppe, Ihnen Themen zuzurufen, und schreiben diese auf ein Flipchart. Bei Wiederholungen fragen Sie den oder die Sprechenden, ob das genannte Thema unter ein vorheriges zu fassen ist. Wenn nicht, schreiben Sie es zusätzlich auf.
→ Sie bitten die Gruppe, Ihnen Themen zuzurufen und notieren diese auf Moderationskarten.
→ Sie bitten die Teilnehmenden, mit einem dicken Stift jeweils ein Konfliktthema auf je eine Moderationskarte zu schreiben (eine bis fünf Karten pro Person; je größer die Gruppe und je geringer das Zeitbudget, desto weniger Karten sollten pro Person beschrieben werden).
→ Bei Gruppen ab zehn Personen: Sie bitten die Teilnehmenden, sich zu zweit (oder bei Gruppen ab achtzehn Personen zu dritt) zusammenzusetzen und innerhalb zehn Minuten pro Kleingruppe max. drei Karten zu beschreiben.

2. Zusammentragen und Clustern (Ordnen) der Themenkarten: verschiedene Alternativen

→ Sie bringen die Moderationskarten nach Themenähnlichkeiten sortiert an eine Pinnwand an und befragen die Teilnehmenden nach Korrekturwünschen.

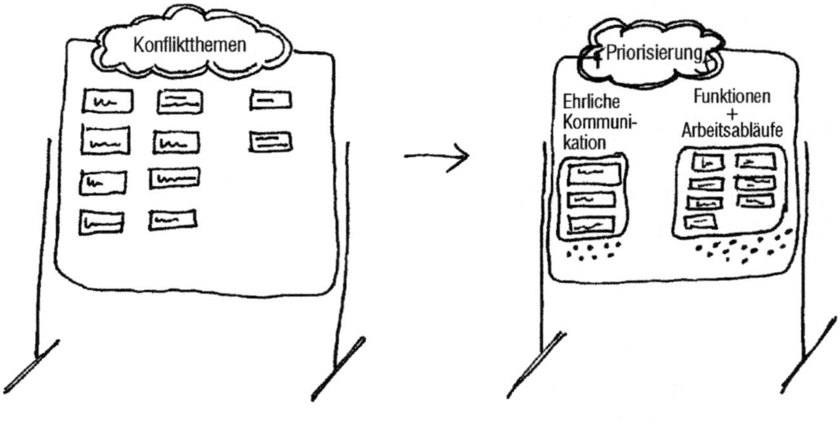

Abb. 17

- ➜ Sie bitten die Teilnehmenden, ihre Karten vorzulesen, diese an die Pinnwand zu heften und sie selbst Themenfeldern zuzuordnen.
- ➜ Sie legen die Karten – mangels Pinnwand – auf den Boden und sortieren Sie dort mit den Teilnehmenden nach Themenfeldern. Hilfreich für die Moderation der nächsten Phasen ist es, wenn Sie die Karten auf ein großes Packpapier auf den Boden legen und dort nach der Sortierung festkleben. Später kann das Plakat als weitere Visualisierungshilfe aufgehängt werden.

3. Priorisierung

- ➜ Sie erarbeiten mit der Gruppe Überschriften für die gefundenen Konfliktthemenfelder, z.B.: *„Fehlende Kommunikation zwischen Anwendern und Entwicklern“*. In der Folge umkreisen Sie mit einem Stift den entsprechenden Kartencluster und schreiben die Überschrift darüber.
- ➜ Dann geben Sie jeder Person Klebepunkte oder einen dicken Stift zum „Punkten“: Jede Person darf so viel Punkte vergeben wie die Hälfte bis ein Drittel der Anzahl der Themen. Sie darf je nach eigenem Empfinden der Wichtigkeit entweder alle Punkte auf eine Themenüberschrift setzen oder die Punkte verteilen. Alle punkten möglichst gleichzeitig.
- ➜ Sie zählen die Punkte und schreiben die Anzahl zu den Punkten. Danach stellen Sie die Rangliste fest und schreiben bspw. jeweils eine römische Zahl vor die Überschriften.

⇢ Techniken in der Methode

Informieren über Verfahrensablauf bei Themensammlung und Priorisierung; Aktives Zuhören bei der Kartenabfrage; Kartenklärung; Punkten.

⇢ Chancen der Methode

Jede teilnehmende Person wird mit dem eigenen Themenwunsch gehört und kann zur Priorisierung der Themen beitragen. Die Teilnehmenden übernehmen selbst Verantwortung für die Auswahl ihrer wichtigsten Themen. Sie als Mediationsteam erhalten einen „Fahrplan“, der Ihnen die Sicherheit gibt, nach Ablauf der Mediationszeit die wichtigsten Themen moderiert zu haben. Die Gruppe bekommt einen Überblick über unbearbeitete Konfliktursachen und -symptome, die oft über das Thema hinausgehen, welches vom Auftraggeber als Anlasskonflikt benannt wurde. Am Ende der Mediation kann die Gruppe zu übrig gebliebenen, d.h. nicht bearbeiteten Themen einen Maßnahmenplan beschließen.

⇢ Risiken der Methode und Tipps

Diese eher technische Herangehensweise, die einiges an „Logistik“ (Karten, Stifte, Pinnwand, Nadeln, Hin- und Herlaufen plus Moderieren) erfordert, kann von aufgebrachten Bemerkungen der Streitparteien untereinander durchbrochen werden. Hier empfiehlt sich, keine Hinweise auf die vereinbarten Regeln oder Vertröstungen auf später zu geben. Holen Sie die Emotionen direkt mit „Erste-Hilfe-Empathie“ ab, denn sie geben Hinweise auf unerfüllte Bedürfnisse der Betreffenden im Konflikt. Die direkt oder indirekt emotional agierende Person kann erst wieder präsent sein, wenn sie sich „gesehen“, d.h. wahrgenommen und ernst genommen fühlt. Nach der Erste-Hilfe-Empathie fragen Sie die betreffende(n) Person(en), ob Sie mit der Themenabfrage und -priorisierung fortfahren können. Sie werden höchstwahrscheinlich ein „Okay“ erhalten.

Praxisbeispiel: Jugendbildungsstätte in München (18 Personen)

Vorgeschichte:

Die Mitarbeiter und Mitarbeiterinnen sowie die Leiterin einer Jugendbildungsstätte (JBS) in München haben als Inhalt ihrer jährlichen Fortbildung eine Konfliktklärung in Form von Mediation gewählt. Die zweitägige Veranstaltung erscheint ihnen als letzter Ausweg in ihrer extrem angespannten Situation. Im Vorgespräch hatten die Bildungsstättenleiterin und zwei Delegierte des Gesamtteams geschildert, dass einige Mitarbeitende bereits seit bis zu zwanzig Jahren in der JBS arbeiten; konfliktbeladene Gegensätze in pädagogischen Auffassungen und Ärger über individuelle Verhaltensweisen hätten sich bis heute konserviert. Da ein Umzug mit räumlicher und inhaltlicher Umstrukturierung anstünde, seien alte und neue Konflikte vehement ausgebrochen und drohten das Klima zu zermürben bzw. *„gute Leute zu vertreiben“*.

Das Team hat die erste Phase der Mediation durchlaufen und damit einen sicheren Rahmen für das Verfahren etabliert.

Anwendung der Methode „Schriftliche Themensammlung und Priorisierung“:

Meine Kollegin und ich stellen die Erhebungsmethode vor: Wir bitten die Teilnehmenden, sich in frei gewählte Dreiergruppen zusammenzusetzen und pro Gruppe eine bis drei Moderationskarten zu beschreiben. Auf die Karten soll mit dickem Stift und deutlich lesbar je ein Konfliktthema pro Karte geschrieben werden. Die Kleingruppen haben dazu insgesamt 15 Minuten Zeit. Wir sehen einzelne Gruppen im Seminarraum arbeiten, andere stehen im Flur und diskutieren rauchend, wieder andere haben sich einen Kleingruppenraum zum Arbeiten gewählt.

Nach der Kleingruppenarbeit erleben wir viel Energie im Raum, die Diskussionen setzen sich zum Teil in Seitengesprächen fort. Wir bitten die Gruppen, ihre Karten nacheinander vorzulesen und ein paar erläuternde Sätze dazu zu sagen. Herr Jochen stellt die zwei Karten seiner Gruppe vor: *„Unterschiedliche pädagogische Konzepte"* und *„Unklarheit bei der Aufgabenverteilung"*. Wir befestigen eine Karte nach der anderen auf einem Plakatpapier einer Pinnwand und fassen das Gehörte – Gefühle, Beobachtungen, Bedürfnisse und Themen – pro Karte zusammen. Bei jeder neuen Karte fragen wir die Kleingruppe, inwieweit der Inhalt der Karte zu einer bereits hängenden Karte passt und dort zugeordnet werden kann, oder ob sie ein neues Themenfeld eröffnet.

Frau Truck ordnet die Karten ihrer Kleingruppe sofort selber zu: *„Unklar, wer welche Teamfunktion"* möchte sie in Absprache mit ihrer Gruppe neben die Karte *„Unklarheit bei der Aufgabenverteilung"* hängen usf. Auf diese Weise hängen am Ende der Kartenvorstellung Karten in vier „Clustern" im Sinne von Themenfeldern an der Pinnwand. Wir unterstützen die Gruppe, ihre Überschriften für die Cluster zu finden. Diese heißen schließlich unter der Gesamtüberschrift KONFLIKTTHEMEN: *„Meinungsverschiedenheiten bei pädagogischen Konzepten"*, *„Unklarheit bei Funktionen und Arbeitsabläufen"*, *„Zuwenig ehrliche Kommunikation"* und *„Ungerechte Urlaubs- und Freizeitausgleichsplanung"*.

Nach einer Pause verteilen wir pro Person zwei Klebepunkte. Diese können sie nach ihrer eigenen Bewertung der Wichtigkeit auf ein einziges Themenfeld kleben oder auf zwei Themenfelder verteilen. Die (18 Personen x 2 Punkte =) 36 Punkte verteilen sich auf die Themenfelder wie folgt: 13 Punkte bei „Unklarheit bei Funktionen und Arbeitsabläufen", zehn Punkte bei *„Meinungsverschiedenheiten bei pädagogischen Konzepten"*, acht Punkte bei *„Zu wenig ehrliche Kommunikation"* und fünf Punkte bei *„Ungerechte Urlaubs- und Freizeitausgleichsplanung"*. Frau Gerbers meldet sich und bringt zum Ausdruck, dass sie den Punkt der Kommunikationsprobleme trotz des dritten Rangs bei der Punktrangliste als Erstes bearbeiten möchte: *„Dass wir endlich mal lernen, offen miteinander zu reden, und uns dies auch trauen, das ist doch die Grundlage für alle anderen Themen."*

Wir fragen die anderen Teilnehmenden nach ihren Bedürfnissen hinsichtlich der Reihenfolge der Bearbeitung. Frau Gerbers Vorschlag stößt schnell auf Zustimmung, wenngleich Frau Ring einwirft: *„Aber ich möchte sichergehen, dass die beiden ersten Themen auch bearbeitet werden. Die Urlaubsplanungsgeschichte können wir ja dann meinetwegen auch ohne Mediation regeln, wenn wir´s hier nicht mehr schaffen."* Wir sehen, dass einige nicken und kündigen an, nach der Pause eine Methode zur Bearbeitung aller Themen mit einem ungefähren Zeitplan vorzustellen.

Überblick: „Schriftliche Themensammlung und Priorisierung“	
Kurzbeschreibung	Die Gruppe sammelt ihre Konfliktthemen in schriftlicher und für alle sichtbarer Form und entscheidet gemeinsam die Wichtigkeit und Reihenfolge ihrer Bearbeitung.
Einsatz	➔ Mehr als acht Teilnehmende ➔ Konfliktschwerpunkt auf Organisations- und Arbeitsabläufe ➔ Jedes Thema hat Unterthemen ➔ Moderations- und Visualisierungselemente bekannt und vertraut
Chancen	✓ Jede teilnehmende Person wird mit dem eigenen Themenwunsch gehört und kann zur Priorisierung der Themen beitragen. ✓ Entstehung eines „Fahrplans“ für die Mediation ✓ Für nicht bearbeitete Themen können am Ende Vereinbarungen zur weiteren Bearbeitung getroffen werden.
Risiken	Die Streitparteien kommen im Rahmen der technisch-sachlichen Themensammlung in emotionale Diskussionen.

5. Einzelgespräche

Kurzbeschreibung

Einzelne Konfliktbeteiligte erhalten nach oder vor dem gemeinsamen Gruppengespräch einen geschützten Raum mittels Vieraugengespräch, um in Ruhe und mit allparteilicher Unterstützung ihre Beobachtungen, Gefühle, Bedürfnisse und konkreten Bitten zu klären.

... sind sinnvoll bei folgenden Voraussetzungen

- ✓ Der Fall erscheint **komplex**. Das Mediationsteam möchte Sicherheit durch Informationsaufnahmen in Einzelgesprächen gewinnen.
- ✓ Es gibt massive **Verletzungen** auf verschiedenen Seiten (z.B. in Familienunternehmen). Das Mediationsteam sieht als notwendige Voraussetzung für den Vertrauensgewinn einen besonders geschützten Rahmen durch das Vieraugengespräch.
- ✓ In der Systemebene der Streitparteien herrscht eine **Kultur der Distanz** und der unbedingten Stärke (z.B. in Unternehmensvorständen). Unangenehme Gefühle und unerfüllte Bedürfnisse direkt am Runden Tisch zu offenbaren, ist für die Beteiligten ungewohnt und lässt sie Gesichtsverlust befürchten. Das Mediationsteam hält durch das Einzelgespräch einen geschützten Rahmen bereit und erarbeitet mit den Streitparteien individuell die im Vordergrund stehenden Interessen und Bedürfnisse.
- ✓ Frage der **internen Akquise** (Gewinnung der Streitparteien für das Verfahren der Mediation). Der/die interne VermittlerIn klärt in Einzelgesprächen sowohl die Sichtweisen als auch die Bereitschaft bzw. notwendige Vorbedingungen zum gemeinsamen Mediationsgespräch.
- ✓ Die Auftraggeber möchten Einzelinterviews als Verfahrensbeginn. Die mediierende Person gewinnt Vertrauen, indem sie in das Verfahren mit einem dem Unternehmen **bekannten Element** aus der Beratungskultur einsteigt.

Variante: Einzelgespräche in der zweiten Mediationsphase

- ✓ Die **Führungskraft** wird in das bereits begonnene Verfahren einbezogen. Das Mediationsteam trägt dem Hierarchiegefälle Rechnung, indem es der Führungskraft und dem Team getrennt ermöglicht, ihre Gefühle und Bedürfnisse zu äußern und zu reflektieren, ohne direkte Reaktionen in Form von Maßnahmen zu befürchten oder Vertraulichkeitsübertretungen begehen zu müssen.
- ✓ Eine Person wird innerhalb des Runden Tischs **massiv angegriffen**. Um den geschützten Raum für jede beteiligte Streitpartei zu ermöglichen, schlägt das Mediationsteam Einzelgespräche bzw. Gespräche mit Teilgruppen vor, um sie durch

Empathie der mediierenden Person wieder zu befähigen, selbst empathisch zuzuhören.

✓ Der **Runde Tisch eskaliert** und eine effiziente Herausarbeitung der Hintergründe des Konflikts erscheint am gemeinsamen Tisch nicht möglich. Die mediierende Person sorgt für einen sicheren Rahmen, indem sie die Streitparteien trennt und den Einzelnen bzw. Teilgruppen Einfühlung gibt.

Die Struktur des Einzelgesprächs

1. Aufnehmen der Stimmung

Frage an die Streitpartei: „*Was ist aus Ihrer Sicht passiert?*"/„*Woraus besteht Ihrer Wahrnehmung nach der Konflikt?*"/„*Wie geht es Ihnen mit der Konfliktgeschichte?*"/„*... mit dem Stand der Mediation?*"

2. Bedürfnisse/Interessen herausarbeiten

- Bedürfnisse der Streitpartei herausarbeiten.
- Einfühlung/Empathie geben (kann ein bis anderthalb Stunden dauern!!): Beobachtung erfragen und aktiv zuhören, Gefühle würdigen, Bedürfnisse herausarbeiten.
- Variationen:
  a) Die Streitpartei verschiedene Optionen zur Erfüllung der Bedürfnisse herausarbeiten/entwickeln lassen.
  b) „Rollentausch" = Streitpartei spielt KonfliktpartnerIn und äußert Gefühle, Bedürfnisse und Optionen.
  c) Doppeln (dabei sitzen bleiben): „*Sie sagen sich im Moment: »Mensch, was mach' ich eigentlich hier noch, wenn mir sowieso keine Projekte mehr zugewiesen werden.« (...) D.h. Sie bräuchten wirklich ...*"
- Ende des Gesprächs: Streitpartei fasst – auf Einladung – eigene Bedürfnisse zusammen und verschriftlicht sie.
- Aufklärung der Streitpartei über weiteren Verlauf: Streitpartei bringt so viel/so wenig Bedürfnisse bzw. Interessen – wie sie möchte – in das Mediationsgespräch mit KonfliktpartnerIn ein.

3. Stimmung erfragen

- Abschlussfrage: „*Wie fühlen Sie sich jetzt (Wie geht es Ihnen jetzt), am Ende des Gesprächs?*"

Eventuell danken für das entgegengebrachte Vertrauen.

⇢ Techniken in der Methode

Aktives Zuhören, die vier Schritte der Gewaltfreien Kommunikation (s. Seite 25), Doppeln, Rollentausch, Informieren über Verfahrensablauf

⇢ Chancen der Methode

Offenheit der Streitparteien, effektives (da ungestörtes) Erarbeiten der persönlichen Beobachtungen, Gefühle, Bedürfnisse und Wünsche der Streitparteien; Aufbau eines tragfähigen Vertrauens in die mediierende Person. Erhöhte Bereitschaft der Streitpartei, ihren Konfliktpartnern oder -partnerinnen zuzuhören, da sie selbst bereits Empathie erhalten hat.

⇢ Risiken der Methode und Tipps

Abweichen von der Allparteilichkeit im Einzelgespräch und Misstrauen der Streitparteien in die vertraulichen Vier-Augen-Gespräche. Die Herausforderung besteht darin, innerhalb der Gespräche wirklich beim Aktiven Zuhören – spiegeln und fragen – zu bleiben und auf Ratschläge und Bewertungen zu verzichten. Notwendig ist ebenfalls, zu Anfang jeder Sitzung (mit jeder Streitpartei) Transparenz über den Verfahrensablauf – wer hat sich mit wem wann zu welcher Sitzung getroffen? – herzustellen.

Praxisbeispiel: Familienunternehmen in Freiburg (5 Personen)

Vorgeschichte:

Im Jahre 1960 haben drei Personen, Herr Otto Frankenberg – Vertriebsfachmann –, Herr Hugofried Rauhe – Betriebswirt – und Herr Justus van der Enke – Ingenieur – eine Produktionsfirma im Bereich Türen- und Fensterbau als GmbH gegründet. Das Unternehmen entwickelte sich positiv. Herr Rauhe schied zehn Jahre nach der Gründung aus und verkaufte seine Anteile in gleichen Teilen an die verbleibenden Gesellschafter. Heute arbeiten zwei Söhne Frankenbergs als Manager im Bereich Produktion und Controlling; ein Sohn von Herrn van der Enke leitet den Bereich Vertrieb. Zwei Cousins aus der Familie Frankenberg, Karl-Heinz und Martin Müller, stehen der Entwicklungsabteilung und der Personalabteilung vor. Zwischen den Junioren Moritz Frankenberg, Gustav Frankenberg und Heiner van der Enke *„kracht"* es seit ca. zwei Jahren gewaltig. Sie bilden mit den Müllers unter dem nicht der Familie zugehörigen Geschäftsführer das Juniormanagement, während sich die Senioren mehr und mehr aus dem Geschäft zurückziehen.

Das Unternehmen hat mich und meinen Co-Mediator – unter Vermittlung des Geschäftsführers, dessen Frau Mediatorin ist – engagiert, einen „Workshop zur Teamentwicklung" für das Juniormanagement zu leiten. Teilnehmende sind also Moritz Frankenberg, Gustav Frankenberg, Heiner van der Enke, Karl-Heinz und Martin Müller. Der Inhalt des Workshops wird mit *„Konfliktklärung"* betitelt, so dass wir das Verfahren der Mediation als die Intervention unserer Wahl anbieten.

Nach der Herstellung des geschützten Rahmens für den Workshop mit besonderer Bedeutung der Vertraulichkeit gegenüber Außenstehenden und Betriebsangehörigen laden wir die Junioren ein, mit dem

Zeitungseinstieg (S. 51) ihre individuelle Wahrnehmung der Konfliktsituation auszudrücken. Dabei hören wir, dass sich die Brüder Müller beide nicht im Konfliktfeld sehen. Allerdings empfinden sie Ärger und Genervtheit, wenn sie erleben, wie uneffizient und ergebnislos Strategiegespräche im Junior-Management verlaufen. Sie bräuchten eine Entlastung von den *„Beziehungsproblemen"* der anderen Junioren. Moritz und Gustav Frankenberg haben ähnliche Zeitungssymbole, die beide eine Trennung zwischen Heiner van der Enke und den anderen Junioren ausdrücken. Als wir Heiner van der Enke bitten, sein Symbol vorzustellen, erklärt er, dass er keines hergestellt habe und auch nicht bereit sei, vor *„Menschen, die mich permanent behindern und mir Knüppel zwischen die Füße werfen, obwohl sie selbst hoffnungslos inkompetent sind, meine Seele auszubreiten!"* Wir spiegeln H. van der Enke – wie vorher den anderen Junioren –, was wir verstanden haben. Wir hören hinter seinen vehementen Urteilen und Vorwürfen seine Stimmung, seine Grundanliegen und unerfüllten Bedürfnisse heraus. Gleichzeitig werfen die Brüder Frankenberg immer wieder abwertende Bemerkungen ein, während Martin Müller ankündigt, dass er bald die Veranstaltung verlassen werde, *„da ich diese Show wöchentlich genieße und mir das nicht noch einmal geben will!"*

Anwendung der Methode „Einzelgespräche":
Wir unterbrechen die Schilderungen und danken den Beteiligten, dass sie sich vor uns als externem Team so offen zeigen mit ihrer Stimmung im Junior-Management. Auf unsere Bitte, mit einem Begriff auszudrücken, wie sich jeder Einzelne jetzt im Augenblick fühlt, hören wir die Worte: *„hoffnungslos"*, *„keine Ahnung"*, *„ausgegrenzt"*, *„resigniert"*, und *„keine Lust mehr"*. Wir drücken aus, dass die vorangegangene Eskalation und aktuellen Gefühle Teil einer erfolgreichen Konfliktklärung sein können, da im Mediationsverfahren alle Themen und Gefühle deutlich und ungeschminkt auf den Tisch kommen. *„Diese sind dann Grundlage für eine offene Auseinandersetzung und Verständigung über Lösungen, welche die Bedürfnisse und Interessen von Ihnen allen erfüllen. Wir sehen gleichzeitig auch, dass Sie zu Ihrer persönlichen Darstellung des Konflikts möglicherweise Ruhe und einen geschützten Raum brauchen. Das Zuhören der Darstellung eines anderen Juniors ist erst einmal belastend. Deshalb schlagen wir als nächsten Schritt Einzelgespräche vor, in denen wir Sie als Einzelne unterstützen, Ihre Stimmung und Ihre unerfüllten Interessen und Bedürfnisse zu formulieren und Klarheit über Optionen zur Zusammenarbeit zu gewinnen. Danach kommen wir wieder zusammen."*

Die Herren Frankenberg und Herr van der Enke stimmen dem Verfahren zu; die Herren Müller fühlen sich erleichtert, erst einmal *„dem ständigen Debakel nicht weiter beiwohnen zu müssen"*. Wir als Team teilen uns die Gespräche auf: eine Person führt Einzelgespräche mit G. Frankenberg und H. van der Enke. Die andere spricht mit M. Müller, K.-H. Müller und M. Frankenberg.

In den Gesprächen lassen wir die jeweilige Person erst einmal ausführlich ihre Beobachtungen erzählen. Dabei werden – oft indirekt , d.h. über Bilder und Gestik – heftige Gefühle ausgedrückt. Wir hören bei der Schilderung ihrer Wahrnehmung aktiv zu und benennen neben der Wiedergabe der Beobachtungen mit Frageton das Gefühl, was wir spüren: *„Sie sind frustriert, wenn Sie sehen ..."*, *„Sie sind unsicher, was von Ihnen erwartet wird."*, *„Sie fühlen sich unwohl bei der Vorstellung, dass ..."* Die Gesprächspartner holen danach erfahrungsgemäß weiter aus und vertiefen ihre Schilderung, entwerfen Bilder, wie es ihnen „besser" ergehen würde, wenn dieses oder jenes passieren würde, z.B:. *„Ich wünschte, Heiner würde mal weniger gutsherrenmäßig auftreten und stattdessen pünktlich Ergebnisse vorlegen!"*

Diese Phase erlaubt uns, hinter den Beobachtungen, Gefühlen und Vorwürfen die Grundanliegen und Bedürfnisse herauszuhören. Wir bieten unsere Vermutungen als Frage an: *„Verstehe ich Sie so, dass Sie dringend Verbindlichkeit in der Zusammenarbeit bräuchten?"* Oder: *„Das heißt, im Grunde geht es Ihnen in erster Linie um eine marktfähige Entwicklung Ihrer Produkte, um das Überleben Ihres Unternehmens zu sichern?"* Oder: *„Ihr Anliegen ist vor allem eine gerechte Verteilung, eine Ausgewo-*

genheit, was die Beiträge und Leistungen der einzelnen Junioren angeht?" usw. Oft entsteht hier ein reges Gespräch, in dem die Streitparteien einen tieferen Zugang zu dem erarbeiten, was sie brauchen und erreichen wollen (statt dabeizubleiben, was sie ablehnen und bekämpfen).

Zum Ende der Einzelgespräche bitten wir die Junioren, ihre Hauptanliegen noch einmal selbst zusammenzufassen. Die von uns erhaltene allparteiliche Empathie hat bewirkt, dass sie ihre, den Konflikt betreffenden Bedürfnisse klar vor Augen haben und als zwei bis drei Hauptanliegen notieren, um sie in die gemeinsamen Gespäche einzubringen. Wir beenden die Einzelgespräche mit der Frage: *„Und wie geht es Ihnen jetzt nach dem Gespräch?"* Ein Teil der Junioren beginnt die Antwort mit der Einleitung *„Mir ist klar geworden, dass ..."* Andere äußern eine gewachsene Sicherheit und mehr Vertrauen in die nächste Runde der Teammediation.

Überblick: „Einzelgespräche"	
Kurzbeschreibung	Vier-Augen-Gespräch, um im geschützten Rahmen allparteiliche Unterstützung für die Herausarbeitung von Beobachtungen, Gefühlen, Bedürfnissen und konkreten Bitten zu geben.
Einsatz	➜ Komplexität des Falls ➜ Massive Verletzungen bei einer oder mehreren Streitparteien ➜ Kultur der Distanz in der Gruppenaussprache
Chancen	✓ Die Streitparteien äußern sich offen. ✓ Vor dem Gruppengespräch haben die Streitparteien bereits ihre Bedürfnisse hinter den Positionen herausgearbeitet und können sie klar benennen. ✓ In Unternehmen erst einmal die bekanntere und vertrautere Gesprächsform, wo Vertrauen in den Mediator aufgebaut werden kann.
Risiken	Abweichen von der Allparteilichkeit im Einzelgespräch und Misstrauen der Streitparteien in die vertraulichen Vier-Augen-Gespräche.

Dritte Phase der Konfliktklärung in Gruppen: Bearbeitung

Kapitelübersicht → Dritte Phase: die Bearbeitung

Seite	Methode	Praxisbeispiel
75	*1. Einzelarbeit mit den vier Schritten der GFK und anschließender moderierter Dialog*	*Versicherungsunternehmen in Leipzig (4 P.)*
81	*2. Fishbowl*	*Fusion Beratungsst. kirchl. Verband Marburg (20 P.)*
86	*3. Problemdreieck*	*Lüftungstechnik Luzern/Schweiz (6 P.)*
91	*4. Außenseiter-Ritual*	*Schulklasse in Berlin (23 P.)*

Einführung

Die dritte Phase wird oft als die aufregendste empfunden: Denn hier ist einerseits eine passende Methodik vorzubereiten und durchzuführen. Gleichzeitig besteht die Kunst in dieser Phase darin, **„dem Prozess zu folgen“**, das heißt, zu jeder Zeit der Aufnahme (möglicherweise der „Erste-Hilfe-Empathie“) der Gefühle und Anliegen darunter den Vorrang zu geben, wenn sich Teilnehmende aufgebracht, verwirrt oder frustriert äußern. Mit anderen Worten: Bei sorgfältiger Vorbereitung der Methodik besteht die Gefahr, den lebendigen Prozess der Kontaktaufnahme mit den Menschen hinter den Positionen, ihren Beobachtungen, Gefühlen und Bedürfnissen mit Flipchart, Kartenabfragen usw. „wegzumoderieren“ und ihn in ungünstiger Weise zu „versachlichen“.

Die Gruppe ist ein lebendiger Organismus und braucht als solche den Raum für Auseinandersetzung und Eskalation. Sie findet Lösungswege erst, wenn sie durch das Nadelöhr der Krise und der Verständigung gegangen ist. Krise heißt hier: Äußerung von unangenehmen Gefühlen bzw. schmerzauslösenden Beobachtungen, um dem Konflikt tiefer auf die Spur zu kommen. Verständigung geschieht über das Herausarbeiten der darunter liegenden Bürfnisse und Anliegen. Die in der Mediation eingebaute und gewollte Eskalationsphase aber ist das, was der Gruppe im Konflikt (und Vermittlern und Vermittlerinnen) erfahrungsgemäß am meisten Angst macht. Wie viel ist nützlich? Wo beginnt die Auseinandersetzung destruktiv zu werden und neue Wunden zu schlagen? Was muss ich konkret tun, um Konstruktivität zu sichern? Wo sollte ich mich zurückhalten, wann sollte ich intervenieren? Heißt, den geschützten Rahmen für angegriffene Personen zu sichern, dass ich parteilich werde?

Eine gelungene Moderation von Eskalationsprozessen beruht auf vier Fähigkeiten:

1. Sie benötigt vor allen Dingen die eigene **persönliche Bewusstheit und Auseinandersetzung** mit den Themen Eskalation und starken Emotionen, die ihre Wurzel schwerpunktmäßig in der eigenen Kindheit haben. Um in Gruppen zu vermitteln, ist es daher förderlich, die eigenen Stärken, Lernfelder und Ängste in Bezug auf Gruppen und Konflikte ins Bewusstsein zu heben und zu bearbeiten, sei es in Ausbildung, Supervision, Therapie oder in anderen Zusammenhängen. In diesem Zusammenhang raten erfahrene Mediatorinnen und Mediatoren immer wieder, zu zweit zu moderieren.

2. Ein souveräner Umgang mit starken Emotionen braucht eine **innere Haltung** zur Eskalation, die weiß, dass starke direkte und indirekte Gefühlsäußerungen immer „Hilferufe" sind, Symptome für unerfüllte Bedürfnisse wie Sicherheit, Anerkennung, Zugehörigkeit, Entspannung, Sinn, Ruhe, Entwicklung usw. Wenn diese Gefühle und Bedürfnisse direkt gewürdigt, ernst genommen und angesprochen werden, erleben Sie eine rasche Deeskalation bei der Streitpartei, eine Art „Bingo-Effekt" der Entspannung: „Ja, genau: das ist es. (Ich fühle mich gesehen.)"

3. Die Moderation bei Eskalationen braucht **„maßgeschneiderte" Methoden**, um den Prozess zu unterstützen. Einige davon finden Sie im nächsten Kapitel. Egal, wie passend und „genial" Sie Ihre eigene Vorbereitung und Methode einschätzen, lassen Sie diese sogleich los (wenigstens für einen Moment), wenn einzelne Teilnehmende oder sogar die gesamte Gruppe Einfühlung brauchen. Bleiben Sie in der Moderationsrolle in Form von Empathie und Aktivem Zuhören. Sich von einer Methode zu trennen und/oder zu einer anderen Methode zu wechseln heißt nicht, dass Sie sich das Moderationszepter aus der Hand nehmen lassen. Die „Belohnung" für Ihre innere Freiheit von Ihrer Methodik wird sein, dass die Teilnehmenden Vertrauen zu Ihnen entwickeln und ein ganzes Stück weiter im Prozess ihrer Konfliktklärung gelangt sind.

4. Eine souveräne Moderation erlangen Sie vor allem durch **intensives Training**. Die beschriebenen Methoden entwickeln sich von „theoretischen Kochrezepten" zu Ihren eigenen lebendigen Handwerkszeugen, wenn Sie diese im Training üben und sich im geschützten Raum einer Übungssituation Rückmeldung der gespielten Streitparteien sowie Unterstützung und Tipps durch die Trainingsleitung geben lassen.

Wenn Sie all diese Fähigkeiten einbringen und trotzdem keine Entwicklung im Prozess oder anhaltende Angriffe und ein überwiegendes Ignorieren Ihrer Methodik und Moderation erleben, dann können Sie sich und die Gruppe fragen, ob eine Konfliktvermittlung zurzeit das passende Verfahren darstellt. Ebenso sollten Sie jederzeit für sich selbst entscheiden, wie weit Sie persönlich die Eskalation ertragen und mit ihr arbeiten können. Auch Sie können „Stopp" rufen und die Gruppe mit Ihren Bedürfnissen nach Klarheit und Struktur (Sicherheit) in Kontakt bringen bzw. eine konkrete und erfüllbare Bitte an sie richten. Oft wecken Sie damit auch die Teilnehmenden auf, die in einer Art „Eskalations-Trance" gefangen waren und nun dankbar für Ihr Unterbrechen sind.

PRAKTISCHE METHODEN:

1. Einzelarbeit mit den vier Schritten der Gewaltfreien Kommunikation und anschließender moderierter Dialog

··➢ Kurzbeschreibung

Die Teilnehmenden halten in Einzelarbeit ihre Beobachtungen, Gefühle, Bedürfnisse und konkreten Bitten zu einer Konfliktsituation fest. Danach hat jede/r Einzelne mit Unterstützung des Mediators die Gelegenheit, sich gegenüber einer von ihnen benannten Person mittels der vier Schritte auszudrücken und von der zuhörenden Person anschließend gespiegelt zu bekommen, was diese verstanden hat und wie sie sich mit dem Gehörten fühlt.

··➢ Die Einzelarbeit mit anschließendem Dialog ist sinnvoll bei folgenden Voraussetzungen

Es existieren **starke emotionale Spannungen auf der Beziehungsebene** im Team. Im Vorgespräch wurde von Verletzungen, persönlichen Enttäuschungen, Vertrauensverlust und/oder Kommunikationsblockaden gesprochen.

··➢ Die Struktur der Einzelarbeit und des Dialogs

Vorbereitung
Sie bitten alle Teilnehmenden, sich „zurückzulehnen" und sich eine konkrete Situation in Erinnerung zu rufen, die sie als besonders deutlichen Auslöser für die eigene Frustration, Enttäuschung usw. in Zusammenhang mit dem Konflikt erlebt haben.

Einzelarbeit (ca. 5-10 Minuten)

➜ Bitten Sie die Teilnehmenden, ihre konkrete Situation (oder das Erleben eines chronisch frustrierenden Zustandes im Zusammenhang mit dem Konflikt) auf einem Formblatt aufzuschreiben. Dieses Formblatt beinhaltet vier Schritte analog zur Gewaltfreien Kommunikation:

1. *Meine Beobachtung:* (Beschreibung der auslösenden Situation ohne zu werten; d.h. was ich konkret gehört oder gesehen oder gelesen habe) ....
2. *Mein Gefühl, meine Stimmung:* Wie es mir mit dem geht, was ich beobachte(t habe): ....
3. *Mein Bedürfnis:* (z.B. Raum haben, gesehen und anerkannt werden, etwas machen und gestalten können, gehört werden, dazuzugehören, akzeptiert und respektiert werden, Sicherheit, Kontakt, Klarheit, Vertrauen, Autonomie, Verständnis, Sinn, Erfolg) ....
4. *Meine konkrete und erfüllbare Bitte* (positive Formulierung): ....

➜ Bitten Sie nach Beendigung der Einzelarbeit die Einzelnen, auf einer Skala von 0-10 zu sagen, wie angespannt und beeinträchtigt sie sich mit der Konfliktlage Hfühlen. „0" drückt aus, dass sich die Person selbst vom Konflikt überhaupt nicht bedrückt fühlt; eine „3" kann ausdrücken, dass der Konflikt zwar unzufrieden stellend, sich aber für die Person nicht wirklich beeinträchtigend auswirkt; eine „9" kann heißen, dass diese Streitpartei innerlich „kocht".

➜ Laden Sie die Streitpartei (A) mit der höchsten Punktzahl ein, jene Person (B) zu nennen, auf die sich die Frustration, der Ärger etc. bezieht. Bitten Sie die Person A und deren Kontrahenten B, sich einander gegenüberzusetzen. Sie als mediierende Person(en) setzen sich gemäß einem gleichschenkligen Dreieck mittig zu A und B.

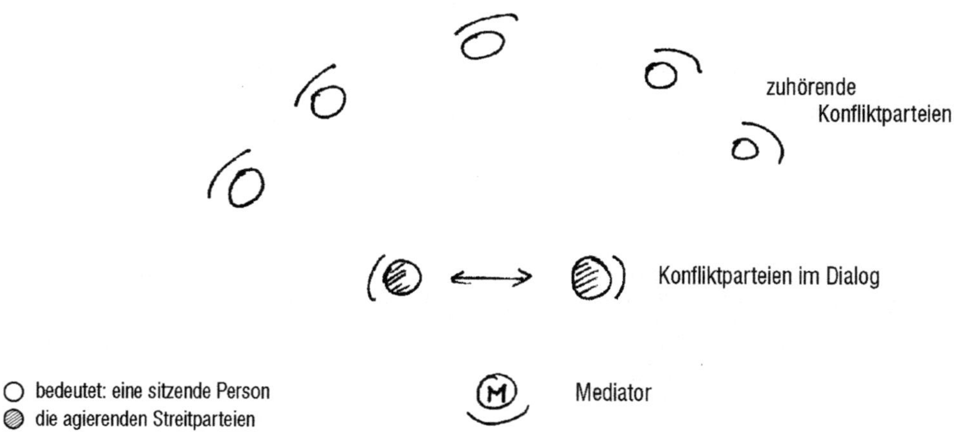

Abb. 18

➜ Erklären Sie die „Spielregeln" bzw. den Verfahrensablauf: Person A berichtet in Form der vier Schritte vom eigenen Erleben des Konflikts. B wiederholt mit eigenen Worten das Gesagte, im Sinne von „Verstehen heißt nicht: einverstanden sein". Um dem Gesagten aktiv zuzuhören, muss A eventuell mehrmals unterbrechen, damit B die wesentlichen Punkte im Gedächtnis behalten kann. (Eine Möglichkeit ist, jeweils nach einem der Schritte auf dem Formblatt zu unterbrechen.)

- ➜ Fragen Sie jeweils A, ob er/sie sich korrekt wiedergegeben bzw. verstanden fühlt oder ob er/sie etwas ergänzen möchte.
- ➜ Nachdem A geendet hat, laden Sie B ein, auszudrücken, wie es ihr/ihm mit dem Gesagten geht. Jetzt ist A eingeladen, Bs Aussagen mit eigenen Worten zu wiederholen.
- ➜ Möglicherweise entspinnt sich jetzt ein freies Gespräch. Wenn es aus einer veränderten Atmosphäre der Empathie und erster Verständigungen oder Aha-Effekte geschieht, brauchen Sie nicht mehr zu intervenieren. Oft entstehen in dieser Phase erste Lösungsangebote. Manchmal fallen Streitparteien in Vorwürfe zurück; hier können Sie durch Ansprechen der Gefühle und Fragen nach den Bedürfnissen unterstützen.

Techniken in der Methode

Aktives Zuhören, Einzelarbeit, die vier Schritte der Gewaltfreien Kommunikation, Doppeln, Rollentausch, Informieren über Verfahrensablauf

Chancen der Methode

Diese Methode ist sehr effektiv, d.h. bringt die Streitparteien in kurzer Zeit in Kontakt miteinander und den eigenen bzw. fremden Gefühlen und Bedürfnissen. Bei der Zielgruppe kann es sich um Profit- oder Nonprofitinstitutionen und jede Hierarchieebene handeln – die Direktheit der Aussprache wirkt gleichermaßen. Das „Nadelöhr" der Verständigung ist in der Regel rasch erreicht und mit vielen Überraschungskommentaren begleitet wie z.B.: *„Wenn ich das gewusst hätte, wäre ich schon eher ...", „Ich hätte nie gedacht, dass Sie das nachvollziehen können.", „Es tut gut, endlich mal zu hören, dass ..."*

Risiken der Methode und Tipps

In der Direktheit der Aussprache kann es dazu kommen, dass sich eine zuhörende Streitpartei mit dem Auftrag des Widerspiegelns überfordert fühlt und die Wiederholung ironisch-sarkastisch formuliert. In diesem Fall unterbrechen Sie freundlich und geben ihr Erste-Hilfe-Empathie. Anscheinend ist in ihr zu viel Schmerz, um sofort bewertungsfrei spiegeln zu können. Wenn sie sich verstanden fühlt, fragen Sie die Person, ob sie bereit ist, mit dem Spiegeln fortzufahren. (Wenn nicht, können Sie einen Teil des Spiegelns vertretungsweise übernehmen und so übergangsweise zwischen den beiden Streitparteien aktiv mediieren.)

Praxisbeispiel: Versicherungsunternehmen in Leipzig (4 Personen)

Vorgeschichte:
Ein mittelständisches Versicherungsunternehmen, LEIPSIGURA, reagierte mit dem Beginn einer Angebotsanpassung auf die geänderten Gesetzesvorgaben zur Rentenversicherung. Dabei spielten sowohl die Bedarfsanmeldungen aus der Versicherungsabteilung als auch die Entwicklung der entsprechenden Software aus der Entwicklungsabteilung eine wesentliche Rolle. Zwischen diesen Abteilungen gab und gibt es traditionelle Spannungen, die Unternehmensleitung stand aber unter Druck, eine zügige, also reibungslose Entwicklung der neuen Angebote zu erzielen. Daher entschied sie sich, einen Informatikspezialisten, Herrn Primus, anzuwerben: Er sollte als Sprecher der Versicherungsabteilung den Bedarf der „Anwender" (Versicherungsabteilung) in ein Pflichtenheft für die Entwicklungsabteilung übersetzen. Herr Primus stieß von Beginn seiner Tätigkeit bei der Entwicklungsabteilung auf Widerstand. Nachdem die Entwicklung der neuen Produkte länger als ein Jahr stagnierte, ließ sich der Personalleiter von der Unternehmensleitung das Okay zu einer externen Beratung in Form von Mediation geben. Nach einem Vorgespräch arrangierte der Personalleiter Einzelgespräche mit mir und jeweils folgenden Mitarbeitern: Herrn Primus, Herrn Wiese (Entwicklungsleiter), Herr Dauer (Mitarbeiter Entwicklung) und Herr Meierbach (Herrn Primus zugewiesener Assistent und langjähriger Mitarbeiter der Versicherungsabteilung). Diese Einzelgespräche beförderten eine enorme Frustration bei allen Beteiligten zutage, da sie ihre Bedürfnisse nach Anerkennung ihrer Kompetenzen, nach offener Kommunikation, nach Entwicklung des Produktes und nach dem Sinn ihrer Arbeit stark im Mangel erlebten. In der Folge lud ich die vier Mitarbeiter zu einer gemeinsamen Sitzung ein.

Nachdem mein Co-Mediator mit den Beteiligten das Verfahren und die Regeln der Mediation geklärt hat, führen wir das Verfahren der „4-Schritte-Methode" ein.

Anwendung der Methode: „Einzelarbeit mit den vier Schritten der Gewaltfreien Kommunikation und anschließender moderierter Dialog"
Wir laden Herrn Wiese (Entwicklungsleiter), Herrn Dauer (Mitarbeiter Entwicklung), Herrn Primus (Sprecher Versicherungsabteilung) und Herrn Meierbach (Herrn Primus Assistent) ein, eine Situation zu erinnern und sich zu vergegenwärtigen, die ihren Ärger, ihre Frustration usw. besonders deutlich auf den Punkt bringt. Danach erhalten sie je einen Papierbogen, worauf vier Aspekte ihres Konflikterlebens erfragt werden: Beobachtung, Gefühle, Bedürfnisse und konkrete Bitten. Sie werden eingeladen, in einer Einzelarbeit ihr Erleben unter den vier genannten Aspekten zu beschreiben. Im weiteren Schritt erfragen wir auf einer Skala von 0 bis 10, wie stark sich die Einzelnen vom Konflikt beeinträchtigt fühlen. Herr Wiese beantwortet die Frage mit *„8, sehr beeinträchtigt"*, Herr Primus mit *„9, unglaublich frustrierend"*, Herr Meierbach mit *„Würde sagen: 6, frustrierend ja, aber ich habe ja noch andere befriedigende Aufgaben im Anwendungsbereich"* und Herr Dauer: *„5, ich bastele noch an Projekten, die bereits geklärt sind, aber die gemeinsamen Sitzungen zu viert sind natürlich schauderhaft"*.

Wir bitten Herrn Primus als subjektiv am stärksten Betroffenen, mit seiner Konflikterhellung zu beginnen, und fragen ihn, auf wen sich sein „Unbehagen" bezieht. Herr Wiese lacht laut und bitter auf, denn er vermutet richtig, dass Herr Primus ihn meint. Wir fordern Herrn Primus und Herrn Wiese auf, sich einander gegenüber zu setzen, während ich mich im gleichen Winkel mit etwas Abstand zu ihnen positioniere. Ich bitte Herrn Primus, jeweils einen Aspekt von seinem Blatt zu beschreiben. Herr Wiese wird von mir eingeladen, zuzuhören und im Sinne von „Verstehen heißt nicht unbedingt: einverstanden sein" wiederzugeben, was er gehört hat.

Herr Primus beginnt: *„Also, meine Beobachtung ist, dass Sie, Herr Wiese, statt <u>mich</u> zu kontaktieren, direkt in die Anwendungsabteilung gehen und die Mitarbeiter wegen ihres Bedarfs interviewen. (...) Damit umgehen Sie mich direkt und machen mich vor allen lächerlich!!"* Ich unterbreche Herrn Primus mit der Bitte an Herrn Wiese, das Gehörte zusammenzufassen. *„Na, er meint, dass ...“* Ich bitte ihn, Herrn Primus direkt anzusprechen. *„Okay, also Herr Primus, Sie sagen, dass ich direkt in die Versicherungsabteilung gehe, ja gut, mache ich, aber aus ganz bestimmten guten Gründen! ...“* Ich sichere Herrn Wiese zu, dass er nach der Darstellung von Herrn Primus seine eigene Sichtweise mit demselben Zeitbudget äußern kann wie zuvor Herr Primus. Ich frage ihn, ob er bis dahin bereit sei, sich auf die Wiedergabe des Gehörten zu beschränken. Herr Wiese gibt sein Einverständnis, wofür ich ihm danke. Herr Primus schildert seine Gefühle dahingehend, dass er *„irritiert und im höchsten Maße frustriert“* sei: *„Ich erwarte einfach Fairness von Ihnen, Herr Wiese, und Verbindlichkeit beim Einhalten von Kommunikationswegen.“* Herr Wiese wiederholt das Gehörte mit seinen Worten: *„Also, Sie sehen, dass ich direkt mit den Mitarbeitern der Anwendung spreche. Sie sind sauer, denn Sie wünschen sich, dass ich nur mit Ihnen das Pflichtenheft durchgehe und ansonsten lediglich auf dieser Grundlage die Software entwickle.“* Ich frage Herrn Primus, ob er sich verstanden fühlt bzw. ob er noch etwas ergänzen möchte. Er zeigt sich zufrieden über die Wiedergabe seiner Äußerungen, möchte jedoch noch seinen vierten Aspekt, die konkrete Bitte äußern: *„Sagen Sie mal, was zum Teufel Sie gegen mich haben, dass Sie derart gegen mich intrigieren!“*

Nun ist Herr Wiese gefragt. Er beteuert, dass er grundsätzlich gar nichts gegen ihn, Herrn Primus, habe, ihn sogar persönlich sehr nett fände. *„Aber“*, so betont er *„es wäre überhaupt nicht notwendig gewesen, Ihre Funktion aufzustellen, mit anderen Worten, ich halte sie für überflüssig. Wir haben auch vorher gute Programme entwickelt.“* Ich unterbreche und bitte Herrn Primus zusammenzufassen, was bei ihm angekommen ist: *„Na gut, ich habe da zwar eine ganz andere Meinung, aber ... Sie sagen, dass Sie bisher auch ohne meine Funktion gut arbeiten konnten.“*

Herr Wiese fährt fort: *„Dazu kommt, dass ich – entschuldigen Sie, wenn ich das hier so offen sage – Ihre Pflichtenhefte für unzureichend halte, fragen Sie mal den Kollegen Dauer, der wird Ihnen das gerne bestätigen.“* Ich sehe im Hintergrund Herrn Dauer nicken. Obwohl Herr Primus sich sichtlich angegriffen fühlt, gibt er das Gehörte wieder, fragt aber sogleich: *„Und was gibt es Ihrer Meinung nach an dem Heft auszusetzen?“*

Hier unterbreche ich und frage Herrn Primus und Herrn Wiese, ob sie zu dem Zeitpunkt in eine fachliche Diskussion um den Inhalt des Pflichtenhefts einsteigen wollen. Beide schauen überrascht, denn für sie ist dies selbstverständlich der nächste Schritt. Ich frage in die Gesamtrunde, ob sie an dieser Stelle das Gespräch auch für Herrn Dauer und Herrn Meierbach öffnen möchten. Nach allgemeiner Bejahung der Frage bitte ich alle – nach Durchführung und Abschluss eines stark strukturierten Dialogs – ein kurzes Stimmungsblitzlicht zu geben. Herr Wiese: *„Besser. Immerhin ist es das erste Mal seit einem Jahr, dass wir wieder direkt miteinander reden.“* Herr Primus: *„Ich bin froh, dass hier mal Fraktur geredet wird.“* Herr Dauer: *„Mich hat das entlastet, dass die Herren Wiese und Primus sich mal direkt und nicht über uns auseinandersetzen. Ich war aber auch froh, dabei zu sein und das mitzubekommen, dass es und wie es möglich ist.“* Herr Meierbach: *„Da meine Kollegen in der Anwendung mittlerweile ganz schön irritiert und genervt sind, habe ich ein Interesse, dass wir bald zu Lösungen bezüglich des Pflichtenhefts kommen.“*

Die Beteiligten einigen sich, jetzt über das Pflichtenheft zu sprechen und dazu Vorschläge und Lösungsideen zu sammeln. Ich schlage vor, in der Folge nach den weiteren Einzelvorbereitungen zu fragen, ob die Darstellung und Klärung der Konfliktthemen noch erwünscht sind oder sich mittlerweile erledigt haben.

Überblick: „Einzelarbeit mit den vier Schritten der Gewaltfreien Kommunikation und anschließender moderierter Dialog“	
Kurzbeschreibung	Nach einer vorbereitenden Einzelarbeit setzen sich zwei Streitparteien gegenüber und teilen sich gegenseitig ihre Beobachtungen, Gefühle, Bedürfnisse und Bitten mit, wobei der jeweils Zuhörende die Aussagen mit eigenen Worten wiederholt und die Mediatorin ihn dabei ggf. unterstützt.
Einsatz	➜ Es existieren starke emotionale Spannungen zwischen Einzelnen im Team. ➜ Im Vorgespräch wurde von Verletzungen, persönlichen Enttäuschungen, Vertrauensverlust und/oder Kommunikationsblockaden gesprochen.
Chancen	✓ Bringt die Konfliktparteien rasch in Kontakt miteinander (Effizienz). ✓ Der Punkt der Verständigung wird schnell erreicht. ✓ Bilaterale Konflikte können im geschützten Rahmen bearbeitet und gelöst werden (kleine Mediation in der großen Gruppenmediation).
Risiken	In der Direktheit der Aussprache kann es dazu kommen, dass sich eine zuhörende Streitpartei mit dem Auftrag des Widerspiegelns überfordert fühlt und ironisch-sarkastisch formuliert.

2. Fishbowl

⇢ Kurzbeschreibung

Die Interessengruppen im aktuellen Konflikt bestimmen je eine vertretende Person, die in der Mediation in ihrer Anwesenheit für sie spricht.

⇢ Der Fishbowl ist sinnvoll bei folgenden Voraussetzungen

✓ Die Gruppe hat **mehr als 15 Mitglieder**.
✓ Ein klar **definiertes, sachbezogenes Konfliktthema** soll bearbeitet werden.
✓ Es gibt offensichtlich einige **wenige Argumentationslinien**, jedoch keine „15 verschiedenen Meinungen".

⇢ Die Struktur des Fishbowls

1. Vorbereitung

➜ Bitten Sie die Teilnehmenden, sich in vier (bis zu sechs) Kleingruppen ihrer Wahl zu teilen.
➜ Geben Sie den Kleingruppen den Auftrag, ihre Beobachtungen, Gefühle, Bedürfnisse und Bitten zu dem vorliegenden Thema zu erarbeiten. Bitten Sie die Gruppen, einen oder eine Sprecher/in für den Fishbowl zu wählen.

2. Beschreibung des Fishbowls

➜ Gestalten Sie einen Innenkreis mit sechs (bis zu acht) Stühlen. Beschreiben Sie die Durchführung des Fishbowls.
➜ Vier (bis zu sechs) Stühle werden von den Sprecher/innen aus den Kleingruppen besetzt; ein Stuhl bleibt frei; ein weiterer Stuhl wird von einer vermittelnden Person eingenommen.

Abb. 19

- Bitten Sie den Außenkreis, während des Gesprächs im Fishbowl zu schweigen und zuzuhören.
- Sollte eine Person aus dem Außenkreis ihre Beobachtungen und Bedürfnisse im Innenkreis nicht vertreten sehen, so kann sie den leeren Stuhl im Innenkreis besetzen, solange ihr Anliegen im Gespräch ist. Danach macht sie den Stuhl wieder frei und setzt sich zurück in den Außenkreis.

3. Durchführung

- Betrachten Sie das Gespräch als eine kleine Mediation in der großen Mediation. Beginnen Sie also analog zum Mediationsverfahren mit Gesprächsregeln (Bsp. „ausreden lassen") und fragen Sie um Zustimmung bzw. Ergänzung zu den Regeln.
- Vereinbaren Sie ein gemeinsames Zeitbudget für den Fishbowl (z.B. 30-45 Min.).
- Laden Sie jede Person im Innenkreis zu einer Art Erstschilderung ihrer Beobachtungen, Gefühle und Bedürfnisse zum Thema ein und hören Sie aktiv zu.
- Lassen Sie danach das freie Gespräch zu.
- Wenn Sie den Eindruck haben, dass das Gespräch sich auf den Austausch von Positionen oder Angriffen beschränkt, dann unterstützen Sie die Streitparteien mit Aktivem Zuhören, Fragen nach Bedürfnissen und mit Formulierungsangeboten.
- Setzen Sie die Technik des gegenseitigen Aktiven Zuhörens ein, wenn Sie sehen, dass zwei Streitparteien sich aufeinander „einschießen", ohne zu einer Verständigung zu gelangen.
- Moderieren Sie bis zu dem Zeitpunkt, an dem erste Lösungsmöglichkeiten benannt werden.

→ Beenden Sie den Fishbowl mit einem Dank Richtung Innenkreis und Außenkreis. Kündigen Sie sowohl eine Pause als auch die nächste Phase der Lösungssuche an, bei der alle Gruppenmitglieder beteiligt sein werden.

Variante
Sie verzichten auf den freien Stuhl. Wenn Personen aus dem Außenkreis etwas ergänzen möchten, stellen diese sich hinter den Stuhl ihres Sprechers bzw. ihrer Sprecherin und formulieren von dort aus ihre Anliegen.

Techniken der Methode

Aktives Zuhören, die vier Schritte der Gewaltfreien Kommunikation, Moderieren.

Chancen der Methode

Konstruktiver Prozess, da im überschaubaren Rahmen. Obwohl nur ca. vier von mindestens 15 Personen im Gespräch sind, kommen alle anderen durch die Vorbereitung in den Kleingruppen und den leeren Stuhl zu Wort, wenn sie das möchten. Es geht bei der Methode um die Erhellung eines Konfliktthemas und um die Stabilisierung der Wertschätzung jeder Sichtweise und jedes Bedürfnisses. Es gibt kein „Entweder-oder“, sondern eine für alle im Fishbowl sichtbare „gleichzeitige“ Existenzberechtigung der verschiedenen Anliegen.

Risiken der Methode und Tipps

Die Methode kommt an ihre Grenzen, sobald ein zwischenmenschlicher Konflikt auftaucht, dessen Klärung einen geschützteren Rahmen als den des Fishbowls braucht. Entweder es gelingt, mit Zustimmung der Beteiligten die Klärung auf eine spätere Phase und einen anderen Rahmen zu vertagen, oder Sie brechen den Fishbowl ab und schieben eine Klärung im geschützten Rahmen ein, während der Rest der Gruppe pausiert oder mit einem anderen Mitglied des Mediationsteams ein weiteres Konfliktthema vorbereitet.

Praxisbeispiel: Fusion von Beratungsstellen kirchl. Verband Marburg (20 Personen)

Vorgeschichte:
Der Vorstand eines kirchlichen Verbandes sieht sich angesichts der verbandlichen Finanzlage und der Folgen neuer Gesetzgebungen gezwungen, seine Ressourcen zu bündeln, sprich durch die Zusammenlegung einiger Beratungsstellen Personal und Mietkosten einzusparen. Dies betrifft auch seine Beratungsstellen in Marburg. Hier bekommen meine Co-Mediatorin und ich den Auftrag, eine Mediation im einem – aus drei Beratungsstellen fusionierten – Team namens „Soziale Beratung Klondikestraße" durchzuführen.

In der zweiten Phase der Mediation klagten die Teilnehmenden mittels einer Kartenabfrage über verschiedene Probleme, die sich durch die unfreiwillige Fusion ergeben hätten: Drei verschiedene Alltagskulturen, Leitungs- und Sitzungsstile prallten aufeinander. Die Arbeitsabläufe und die Traditionen in der Absprache zwischen Mitarbeitenden aus Sozialarbeit, Familienhilfe, Therapie und Sachbearbeitung seien in den einzelnen Beratungsstellen *„rund"* und eingespielt gewesen, jetzt hätten die Gegensätze Konflikte zwischen Gruppen und Einzelnen hervorgerufen. Durch das Sortieren der einzelnen Karten erarbeitet das Team fünf Themenfelder, von denen das mit der höchsten Priorität lautet: *„Kommunikation zwischen Beratung und Sachbearbeitung".*

Anwendung der Methode „Fishbowl":
Wir schlagen der Gruppe die Methode „Fishbowl" vor. Für diese Methode veranschlagen wir 30 Minuten Kleingruppenarbeit und 45 Minuten Plenum. Für die Kleingruppenarbeit bitten wir die Teilnehmenden, sich in sechs Gruppen zu teilen: die Beratungsberufe in drei Gruppen je einer ehemaligen Beratungsstelle; die Sachbearbeiterinnen ebenfalls in drei Gruppen je nach ehemaliger Beratungsstelle. Der schriftliche Auftrag für alle sechs Kleingruppen lautet: *„Notieren Sie bitte: 1. Bei welchen konkreten Beobachtungen bezüglich der Zusammenarbeit zwischen Beratung und Sachbearbeitung fühlen Sie sich zufrieden? Bei welchen frustriert, resigniert, irritiert, unzufrieden ...? 2. Welche Bedürfnisse, z.B. nach Sicherheit, Wertschätzung, Sinn, Zugehörigkeit, Freiheit, Effizienz, Entwicklung etc., möchten Sie in der Zusammenarbeit erfüllt sehen?"* Zusätzlich laden wir alle Gruppen ein, eine/n Sprecher/in für ihre Kleingruppe zu wählen

Nach 30 Minuten bitten wir die Sprecher/innen, sich in einen Innenkreis zu setzen, der um einen leeren Stuhl und um zwei Stühle für die Mediatorinnen erweitert wird. Der Rest der Gruppe bleibt im Außenkreis. Die außen sitzenden Teammitglieder bitten wir den leeren Stuhl zu besetzen, wenn einer von ihnen den Eindruck hat, dass seine Wahrnehmung im Innenkreis nicht vertreten ist. Nach der Äußerung ihres Beitrags kehrt die betreffende Person wieder in den Außenkreis zurück und macht den leeren Stuhl frei für neue Beiträge. Der Innenkreis erlebt eine Moderation in Form der fünf Phasen der Mediation: Wir etablieren Rahmenbedingungen und Regeln für das Gespräch, hören jede einzelne Person und arbeiten hinter den Positionen Gefühle, Bedürfnisse und Interessen heraus. Die Personen im Innenkreis haben die Möglichkeit, für ihre Kleingruppe in „Wir"-Form zu sprechen, sind aber auch eingeladen, ihre ganz persönlichen Eindrücke, Gefühle, Bedürfnisse und Wünsche zu äußern.

Eine neue Qualität der Verständigung kommt ins Spiel, als die einzelnen Personen eingeladen werden, die gehörten Anliegen ihrer Gegenüber zusammenzufassen. Dazu wird eingeladen, wenn sich ein Wortwechsel zwischen zwei Personen entwickelt oder wenn sich die Ansichten zwischen zwei Parteien polarisieren. In dieser Mediation laden wir zum gegenseitigen Aktiven Zuhören ein, als sich die Stimmung am Vorwurf der Beratungsberufe hochschaukelt, sie würden von den Sachbearbeiterinnen an sinnvollen Interventionen gehindert. *„Ihr sitzt doch auf den Anträgen drauf und verzögert dadurch dringliche Maßnahmen!"* Die Sachbearbeiterinnen setzen dagegen, dass *„... wir unvollständig ausgefüllte Anträge und Berichte bekommen, mit denen wir uns dann rumärgern".* Da die Gefahr droht, dass längst bekannte Positionen in immer neuen Variationen wiederholt werden, bitten wir die Teilnehmenden, die Anliegen der „Gegenpartei" mit eigenen Worten wiederzugeben. Wir hören daraufhin Formulierungen wie: *„Okay, also: Die Sachbearbeiterinnen wollen weiterhin unsere Arbeit sabotieren."* Diese Äußerung zeigt uns, dass der Sprecher noch mit seinem Frust gehört werden will. Wir geben ihm Empathie, bis er sich verstanden fühlt. Erst dann fahren wir mit der Methode des gegenseitigen Aktiven Zuhörens fort.

Nach etwa 35 Minuten stellen wir mittels direkter Nachfrage fest, dass sich alle Personen im Innenkreis gehört und verstanden fühlen, auch wenn noch keine Lösungen in Sicht sind. Wir leiten eine Abschlussrunde ein, indem wir darum bitten, je einen Satz zur jetzigen Stimmung bzw. zu ihrem jetzigen Standort zu sagen. Wir hören Sätze wie: *„Würde jetzt am liebsten loslegen mit Lösungen, da ich schon ein paar Ideen im Kopf habe!", „Mir ist da jetzt schon klarer, was gewünscht ist, nur: Wie soll das gehen, alles unter einen Hut zu bekommen?", „Wenn wir diese letzte Stunde schon gleich am Anfang der Fusion investiert hätten, wären die letzten Monate nicht so unangenehm gewesen", „Fühle mich erleichtert und hoffnungsfroh, weil ein mir wichtiger Punkt gehört worden ist", „Mir war das jetzt was lang, können wir nicht sofort schauen, wie wir in Zukunft arbeiten werden?"* und: *„Gut. Allerdings sehe ich eine Menge Detailfragen auf uns zukommen. Mal schaun."*

Die Gruppe ist bereit, beim Thema „Kommunikation zwischen Beratung und Sachbearbeitung" in die Phase der Lösungssuche zu gehen. Es ist Zeit für die Mittagspause – zu Beginn der Nachmittagseinheit werden wir dann unseren weiteren Vorgehensvorschlag vorstellen.

Überblick: „Fishbowl"	
Kurzbeschreibung	Die Interessengruppen bestimmen je eine vertretende Person, die in der Mediation in ihrer Anwesenheit im Innenkreis für sie spricht.
Voraussetzungen	➜ Die Gruppe hat mehr als 15 Mitglieder. ➜ Ein klar definiertes, sachbezogenes Konfliktthema soll bearbeitet werden. ➜ Es gibt offensichtlich einige wenige Argumentationslinien, jedoch keine „15 verschiedenen Meinungen".
Chancen	✓ Alle kommen durch ihre gewählten Sprecher sowie durch die Besetzung eines freien Rednerstuhls zu Wort. ✓ Durch die Sprecherinnenwahl hat der Mediator eine übersichtliche Personenzahl im aktiven Innenkreis. ✓ Konfliktthemen werden konstruktiv unter der Moderation einer Mediatorin diskutiert.
Risiken	Die Methode kommt an ihre Grenzen, sobald ein zwischenmenschlicher Konflikt auftaucht, dessen Klärung einen geschützteren Rahmen als den des Fishbowls braucht.

3. Problemdreieck*

Kurzbeschreibung

Die Gruppe erarbeitet an einer Pinnwand, welche „Säulen" (Verhalten, strukturelle Elemente, Abläufe usw.) den Konflikt – visualisiert als ein auf der Spitze stehendes Dreieck – stützen und so am Leben erhalten.

Das „Problemdreieck" ist sinnvoll bei folgenden Voraussetzungen

- ✓ Die Bearbeitung des Konfliktthemas **erfordert eine Ursachenanalyse**: Was trage ich, was trägt die Gruppe, was tragen unsere Abläufe und die Organisationsstrukturen dazu bei, dass der Konflikt am Leben erhalten wird?
- ✓ Die Gruppe ist daran interessiert, eine nachhaltige Lösung des Konflikts zu erreichen und **dem Entstehen ähnlicher Konflikte vorzubeugen**.
- ✓ Es handelt sich um ein Konfliktthema mit **Sachaspekt** (im Unterschied zu vorwiegend beziehungsgebundenen, persönlichen Spannungen).

Die Struktur des Problemdreiecks

1. Theoretische Einführung

→ Sie malen auf einen Pinnwandbogen ein großflächiges Dreieck, das auf der Spitze steht. Die Spitze ruht auf einer gezeichneten horizontalen Linie. In das Dreieck schreiben Sie das zu bearbeitende Konfliktthema (z.B. *„mangelnde Absprachen untereinander"*).

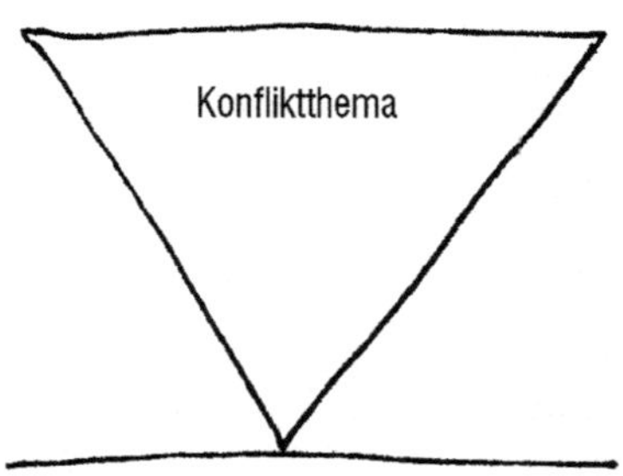

Abb. 20

* Hildegard Goss-Mayr – eine prägende Persönlichkeit und Vorreiterin der gewaltlosen Veränderung der Gesellschaft – entwickelte diese Methode, um mit betroffenen Menschen die Ursachen einer Unrechtssituation zu suchen. *„Bei der Analyse kommt es darauf an, der Wirklichkeit, der Wahrheit der Situation auf den Grund zu gehen und dabei die eigene Mitverantwortung in die Untersuchung einzubeziehen. Und auch die Bedürfnisse der anderen Seite zu erkennen und hineinzunehmen in den Prozess der Umgestaltung der Situation."* (2001) Sie stellte allerdings den Begriff „Unrecht" (nicht „Problem" oder „Konflikt") in das Dreieck.

➜ Nun stellen Sie die (rhetorische) Frage: *„Wie kann das Dreieck auf einer seiner Ecken stehen?"* Sie zeichnen im Folgenden von der horizontalen Linie aus schräge Säulen, die das Dreieck abstützen. Die Frage ist also: *„Welche Aspekte in der Gruppe, in der Organisation, in der Führung und beim Einzelnen stützen und erhalten damit den Konflikt?"*

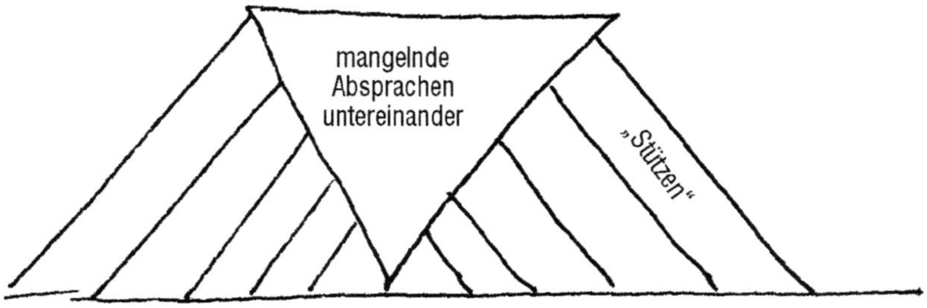

Abb. 21

2. Aufgabe für die Gruppe

➜ Sie bitten die Teilnehmenden, sich (je nach Gesamtgruppengröße) zu zweit, zu dritt oder zu viert zusammenzusetzen, konfliktstützende Aspekte zu finden und auf Karten zu notieren.

3. Sammlung im Plenum

➜ Sie laden die Kleingruppen ein, ihre Kartenergebnisse vorzustellen und in die vorgezeichneten „Säulen" einzukleben/festzupinnen.

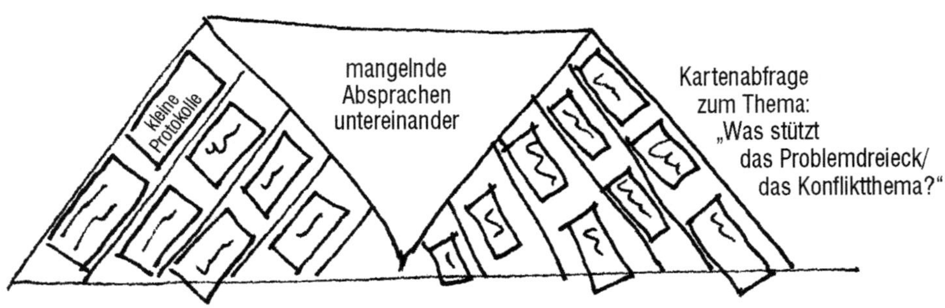

Abb. 22

➜ Anschließend bitten Sie die Gruppe um Kommentare zum Gesamtbild.

Techniken in der Methode

Visualisierung auf der Pinnwand, Kleingruppenarbeit, Kartenabfrage

Chancen der Methode

Die Gruppe erkennt, dass der Konflikt nicht monokausal, d.h. durch eine einzige Ursache entstanden ist. Die Anklage von einem „Sündenbock" verliert rasch an Plausibilität. Motivierend wirkt, dass die Beteiligten den Konflikt an mehreren Stellen gleichzeitig entkräften können. Die Teilnehmenden blicken gemeinsam auf etwas „Drittes" und gemeinsam Beeinflussbares, statt sich gegenseitig den „Schwarzen Peter" der Schuld zuzuweisen. Diese „dritte Größe" kann in Ruhe und differenziert analysiert werden.

Risiken der Methode und Tipps

Die Gruppe nutzt die Methode ausschließlich, um Klagen über Vorgesetzte und die Organisation zu formulieren. Wenn die Gruppenmitglieder die Klagen um selbst beeinflussbare Aspekte ergänzen, wird die Arbeit nutzbringend. Mit Hilfe der Moderation sortieren die Beteiligten, zu welchen Aspekten sie Änderungen, neue Wege und Lösungsmöglichkeiten erarbeiten wollen.

Praxisbeispiel: Management Lüftungstechnik LTL Luzern/Schweiz (6 Personen)

Vorgeschichte:

Die Manager und Managerinnen der LTL beschreiben ihren Betrieb im Vorgespräch als jung und extrem erfolgreich mit boomenden Absatzmärkten weltweit, besonders in China. Allerdings wird der Erfolg der seit fünf Jahren bestehenden Firma von internen Konflikten bedroht. Herr Rütli, Inhaber und Geschäftsführer der LTL, hatte eine Konfliktklärung mit dem offiziellen Titel „Teamentwicklung" mit dem Zeitbudget von anderthalb Klausurtagen in einem Tagungshotel vorgeschlagen und ist bereit, selbst daran teilzunehmen. Weitere Teilnehmende sind: Frau Gauke-Ley (Leiterin Personal), Herr Bauer (Bereichsleiter Produktion), Herr Willers (Bereichsleiter Vertrieb), Frau Kaufmann (Leiterin Controlling), Herr Daniel (Bereichsleiter Entwicklung).

Mittels einer Problemerhebung per Methode *„Fragebogen"* kristallisierte das Management folgende wesentliche Themen heraus:

→ *Mangelnde Kooperation unter uns Managern*
→ *Fehlende Feinstrukturen im Betrieb*
→ *Führungsfragen*

Dem Thema *Mangelnde Kooperation* geben sie Priorität. Zur Bearbeitung dieses Themas schlagen wir die Methode „Problemdreieck" vor.

Anwendung der Methode „Problemdreieck"

Ich zeichne auf eine Pinnwand ein Dreieck, das auf einer seiner Ecken steht. Mit der rhetorischen Feststellung, dass ein Dreieck kaum auf einer seiner Spitzen stehen kann, sondern von „etwas" in seiner

Position gehalten werden muss, führe ich die wiederum rhetorische Frage ein: *„Was hält dieses Dreieck? Oder anders gesagt: Wenn Sie sich vorstellen, die mangelnde Kooperation zwischen Ihnen sei dieses Dreieck: welche Säulen halten das Problem aufrecht?"* Ich schreibe *„mangelnde Kooperation"* in das Dreieck, zeichne eine horizontale Linie unter die Dreieckspitze und einige Säulen, die das Dreieck aufrecht halten. *„Nun teile ich Ihnen mehrere Moderationskarten aus. Weitere Karten können Sie gerne von diesem Stapel nehmen. Bitte setzen Sie sich zu zweit zusammen und beschreiben Sie so viele Karten wie Sie möchten mit pro Karte jeweils einem Aspekt, der die mangelnde Kooperation fördert und aufrecht erhält. Bitte schreiben Sie dabei deutlich lesbar mit Flipchart-Stiften."*

Nach etwa zehn Minuten haben die Zweiergruppen so viele Karten beschrieben, wie sie für sinnvoll hielten. Ich bitte die Beteiligten, ihre Karten vorzulesen. Danach heften sie die jeweils vorgelesene Karte in eine der vorgezeichneten Säulen an, wobei sie die Karte bereits inhaltlich zu anderen ähnlichen Inhalten zuordnen. So entstehen folgende Kartenzuordnungen bzw. Themencluster:

a) *mangelnde Sitzungskultur; keine Protokolle; wer moderiert unsere Meetings?; keine Maßnahmenvereinbarung*
b) *verdeckte Konflikte; wir räumen keine Spannung aus; Konflikt Vertrieb – Produktion; was passiert bei Konflikten – nichts!*
c) *keine regelmäßigen Sitzungen; zu sehr bedarfsorientierte Treffen; Feuerwehrkultur; wer mit wem wann – ungeklärt*
d) *zu unterschiedliche Arbeitsauffassungen; wenig Akzeptanz verschiedener Stile; unterschiedliche Belastung provoziert*
e) *ungeklärte Memo-Gewohnheiten; keine Einheitlichkeit bei Rundmails – Unklarheit, wer was wissen muss*
f) *vordergründig keine Zeit; immer in Hektik; viel reaktiv; keine Zeit für wesentliche Absprachen*

Ich lade die Beteiligten zu einer Runde Klärungsfragen ein, die lebhaft genutzt wird. Anfangs beschränkt sich die Runde auf reine Begriffsklärungen, dann gehen die Fragen in die inhaltliche Richtung. Herr Bauer möchte wissen, was mit *Konflikt Vertrieb – Produktion* gemeint ist, und ob das nicht seine eigene Sache sei, den Konflikt mit Herrn Willers zu klären. Frau Kaufmann bestreitet das: *„Die Stimmung ist doch zum Schneiden, wenn wir Management Meetings haben. Ich möchte einmal behaupten, dass das sogar mit dazu beiträgt, dass wir so wenig Motivation zu gemeinsamen Meetings haben."* Ich frage Herrn Bauer und Herrn Kaufmann, wie es ihnen mit dem Gehörten geht. Herr Kaufmann: *„Es wäre schon positiv, wenn wir unsere ständigen Spannungen aus dem Wege räumten, allerdings weiß ich nicht, wozu das hier in dieser Runde gut sein soll."* Herr Bauer: *„Das macht doch keinen Sinn, hier die Zeit damit zu vertun."* Ich fasse beider Aussagen zusammen und frage sie, ob sie sich eine Konfliktklärung unter meiner Moderation im Sechs-Augen-Gespräch zu einem anderen Termin vorstellen können. Beide erklären sich einverstanden, betonen jedoch, dass sie dieses Gespräch innerhalb der Klausurtage führen möchten. Wir verabreden uns für denselben Tag von 19.00 bis 20.30 Uhr.

Danach macht mein Kollege folgenden Verfahrensvorschlag (Übergang zu Phase IV): *„Sie setzen sich bitte wiederum zu zweit zusammen – möglicherweise in neuen Konstellationen – und bearbeiten pro Gruppe jeweils zwei Themencluster, z.B. a) und b). Beschreiben Sie pro Themencluster, z.B. Cluster a), ein Flipchartblatt mit Lösungsideen. Wir haben danach als Kleingruppenergebnis sechs Flipchartblätter, die Sie alle nacheinander im Plenum bis hin zu einem verbindlichen Maßnahmenplan diskutieren."*

Überblick: „Problemdreieck“	
Kurzbeschreibung	Die Gruppe erarbeitet an einer Pinwand, welche „Säulen“ (Verhalten, strukturelle Elemente, Abläufe usw.) den Konflikt – visualisiert als ein auf der Spitze stehendes Dreieck – stützen und so am Leben erhalten.
Voraussetzungen	➜ Die Bearbeitung des Konfliktthemas erfordert eine Ursachenanalyse. ➜ Die Gruppe möchte ähnlichen Konflikten vorbeugen. ➜ Es handelt sich um ein Konfliktthema mit vielen Sachaspekten.
Chancen	✓ Die Gruppe erkennt die Mehrschichtigkeit der Konfliktursachen. ✓ Sie schaut gemeinsam auf Aspekte, statt sich gegenseitig persönlich anzuklagen. ✓ Die Ursachen können in Ruhe betrachtet und bearbeitet werden.
Risiken	Die Gruppe nutzt die Methode ausschließlich, um Klagen über Vorgesetzte und die Organisation zu formulieren.

4. Außenseiter-Ritual*

Kurzbeschreibung

Das zurzeit scheinbar „außen“ stehende Gruppenmitglied und die Restgruppe geben sich in einer stark strukturierten Form gegenseitig Einfühlung, d.h. die Restgruppe äußert Vermutungen über die Gefühle und Bedürfnisse der außen stehenden Person und umgekehrt.

Das „Außenseiter-Ritual“ ist sinnvoll bei folgenden Voraussetzungen

✓ Im freien Gespräch **erheben viele oder alle das Wort gegen eine einzige Person**; diese wiederum **beschuldigt die restliche Gesamtgruppe als Urheberin des Konflikts**. Trotz Aktivem Zuhören und Moderation von Seiten des Mediationsteams droht die Situation zu eskalieren. Außerdem besteht die Gefahr, dass die isolierte Person die Übermacht der Gruppe nicht mehr erträgt und den Raum verlässt, um sich zu schützen.

✓ Es existieren vehemente **Spannungen zwischen z.B. Leitungsperson und Team**. Die Kommunikation zwischen beiden Seiten ist blockiert.

Die Struktur des Außenseiter-Rituals

1. Überblick über den Ablauf

→ Die Methode gliedert sich in zwei Schritte: Im ersten Schritt fühlt sich die Mehrheit, d.h. die Restgruppe in die außen stehende Person ein. Im zweiten Schritt fühlt sich die außen stehende Person in die Restgruppe ein.

→ Nach den beiden Schritten werden alle eingeladen, etwas zu ihren Empfindungen zu sagen. Manchmal hat sich ein neues Thema herauskristallisiert, das zur Bearbeitung der Gesamtgruppe oder einer Untergruppe ansteht.

2. Vorbereitung des ersten Schritts

→ Sie bitten die außen stehende Person (nennen wir sie A), zu Ihnen zu kommen und sich neben Sie zu stellen.

→ Die Restgruppe bitten Sie, sich in einen geschlossenen Stuhlkreis zu setzen, in dem sich die Stuhlecken oder -lehnen berühren. (Hier wird auf direkte Art symbolisiert, was zunächst noch als Interpretation im Raum steht: die Isolierung der einen Person und die Ver-/Geschlossenheit der Restgruppe. Auch wenn es erst einmal hart wirkt, so sind die Beteiligten erfahrungsgemäß dankbar, dass die Lage direkt beim Namen genannt bzw. der Kontakt mit der empfundenen Realität hergestellt wird.)

* entwickelt durch Waldefried Pechtl

3. Durchführung der Einfühlung in Außenseiter/in „A" (1. Schritt)

- ➜ Sie bitten die Personen im Stuhlkreis, sich in A einzufühlen und eine dementsprechende Aussage in Ich-Form zu machen, z.B.: *„Ich, A, fühle mich ausgeschlossen."*

Abb. 23

- ➜ Sie laden A ein, bei jeder Aussage nachzuspüren, ob sie zutreffend, teilweise zutreffend oder nicht zutreffend ist. Je nachdem stellt sich A direkt hinter den Stuhl des Sprechers oder der Sprecherin (zutreffend) oder weiter weg. So kann jede Person, die sich einfühlt, und die gesamte Gruppe überprüfen, ob ihre Fantasien stimmen.
- ➜ Wenn die Aussagen verebben, laden Sie zu einem neuen Satzanfang ein: *„Ich, A, bräuchte (z.B. Unterstützung von der Gruppe)."* Auch hier stellt sich A je nach Zustimmung hinter die Sprechenden.
- ➜ Wenn diese Aussagen ebenfalls ausgeschöpft sind, bitten Sie A zu sagen, wie es ihr/ihm geht. (Meist fühlt sich A überrascht und berührt davon, wie genau die anderen wissen, wie es A geht und was A bräuchte.)

4. Durchführung der Einfühlung in Restgruppe (2. Schritt)

- ➜ Nun bitten Sie die Restgruppe, ihre Stühle nach außen zu schieben und sich zu einem großen lockeren Kreis zu formieren.
- ➜ A hat jetzt die Aufgabe, sich in die Kreismitte zu stellen und sich in die Restgruppe einzufühlen. A formuliert zuerst Sätze, beginnend mit *„Wir fühlen uns ..."* und später mit: *„Wir bräuchten ..."*. Um die Spannung Minderheit/Mehrheit aushalten zu können, hat A eine Person an seiner/ihrer Seite: eine der Mediatorinnen oder eine Person aus der Restgruppe, zu der A Vertrauen hat. Diese Person schweigt durchgängig. Sie stützt A einfach durch ihre Anwesenheit.

2. Schritt

Abb. 24

- Die Einzelnen der Restgruppe positionieren sich zu jeder Aussage: nahe bei A stehen bedeutet Zustimmung, abgestufte Entfernung heißt teilweise oder gar keine Übereinstimmung.
- Am Ende fragen Sie die Restgruppe nach Empfindungen. (Auch hier ist oft die Überraschung groß, dass A sehr genau in Kontakt damit ist, wie sich die anderen fühlen und was sie bräuchten.) Danach befragen Sie A nach Gefühlen und möglicherweise Erkenntnissen. (Meist hat A überrascht festgestellt, dass die Aussagen sehr unterschiedliche Resonanz hatten, und man kaum von „der“ Gruppe sprechen kann.)

5. Nacharbeit

- Sie bitten die Gesamtgruppe, sich in den Gesamtkreis zu setzen.
- Jetzt ist darauf zu achten, dass die atmosphärische Veränderung, die durch beiderseitige Empathie entstanden ist, nicht „zerdiskutiert“ wird. In diesem Falle laden Sie lieber zu einer Erholungspause ein.
- Wenn die Konzentration es noch zulässt, fragen Sie nach Erkenntnissen. Erfahrungsgemäß hat sich mindestens ein neues, zu bearbeitendes Thema herauskristallisiert. Deutlich wird, dass A zwar ein/e Stellvertreter/in des Themas darstellte, dieses Thema aber die gesamte Gruppe angeht und nur von ihr als gesamte Gruppe lösbar ist. Unterstützen Sie die Gruppe mit Aktivem Zuhören dabei, das neue Thema präzise zu formulieren und auf einem Flipchart aufzuschreiben.

6. Variante

- Das Ritual hat die Gruppe bewegt und weitergebracht. Trotzdem herrscht eine angespannte Stimmung, denn es sind noch keine Lösungen zwischen Restgruppe und A gefunden. In diesem Fall fragen Sie die Person aus der Restgruppe, die beim ersten Schritt am meisten „Volltreffer“ bei der Einfühlung in A gelandet hatte, ob sie sich stellvertretend für die Restgruppe als Streitpartei (B) in einer Mediation mit A zur Verfügung stellen würde.

- ➜ Wenn B sich bereit erklärt, dann rücken Sie ein Stuhldreieck für A, B und Sie selbst ab und bitten Sie die Restgruppe, während der nun folgenden Mediation zu schweigen – mit dem Ausblick auf das Einbeziehen der Gruppe gegen Ende der kleinen Mediation.
- ➜ Nun moderieren Sie durch alle fünf Mediationsphasen, bis A und B bei Lösungsideen angelangt sind. An dieser Stelle danken Sie A und B und öffnen Sie die Lösungsfindung für die Gesamtgruppe. Sollte das Gespräch wegen mangelnder Konzentration „zerfransen“, schlagen Sie eine Erholungspause vor. In jedem Falle lohnt es sich, die Vereinbarungen zu visualisieren, bevor Sie im Programm fortfahren.
- ➜ Auch hier besteht der Übergang zum weiteren Programm darin, die Gesamtgruppe nach Erkenntnissen und neu kristallisierten Themen zu befragen.

Techniken in der Methode

Transparenz herstellen über den Verfahrensablauf, die vier Schritte der Gewaltfreien Kommunikation, Aktives Zuhören

Chancen der Methode

Die Methode nutzt das Wissen der Gruppendynamik, dass die Außenseiter/innen eine Funktion für die Gruppe haben: Sie ziehen ein unangenehmes Thema auf sich, das die Gruppe noch nicht zu bearbeiten bereit ist. Ist der Konflikt zwischen A und Restgruppe „heiß“ in Form von Eskalation, dann ist offensichtlich die Zeit reif und die Gruppe (unbewusst) bereit, das Thema ans Licht und in die Bearbeitung zu bringen. Um dahin zu gelangen, heißt es erst einmal, durch das Nadelöhr der Verständigung durch Empathie zu gelangen. Die Methode birgt also die Chance, das Menschliche (Gefühle und Bedürfnisse) wieder hinter A und „der Gruppe“ zu sehen und damit entspannter und offener zu werden, gemeinsam auf ein gemeinsames Thema C zu schauen.

Risiken der Methode und Tipps

Viele fürchten als Risiko, dass sich der/die Einzelne (Außenseiter/in in der Gruppe gleichen Ranges oder Führungskraft) nicht exponieren möchte, dass der Druck bzw. die Angst zu groß sei oder dass A durch dieses „Ritual“ Schaden bzw. Gesichtsverlust erleidet. Erfahrungsgemäß ist die Spannung zwar tatsächlich hoch, gleichzeitig ist das Gegenteil eines Gesichtsverlusts der Fall: die Bedürfnisse nach Empathie, Verbindung, Achtung und Ernstgenommen-Werden und letztlich der Zugehörigkeit werden in hohem Maße genährt. Vorbeugen können Sie auf jeden Fall, indem Sie vorher vereinbaren, dass die Methode zu jeder Zeit bei Unbehaglichkeit abgebrochen werden kann: Störungen anmelden hat auch hier den Vorrang. Zusätzlich können Sie auch immer wieder zwischendurch fragen, wie sich die Betreffenden fühlen („ob es noch geht").

Praxisbeispiel: Schulklasse in Berlin (23 Personen)

Vorgeschichte:

Wir werden in eine Realschulklasse eingeladen, in der nach Aussage der Schulsozialarbeiterin ein heftiger Außenseiterkonflikt herrscht. Sie ist eine ehemalige Teilnehmerin einer unserer Mediationsausbildungen und hatte den Kontakt zu uns gesucht, nachdem sie sich selbst mit der Streitmittlung überfordert fühlte. Die Klassenlehrerin ist mit dieser externen Unterstützung einverstanden. An der Schule gibt es zu diesem Zeitpunkt (leider) noch kein gesamtschulisches Mediationsprojekt. Vielleicht kann die aktuelle Mediation dazu beitragen, ein solches zu initiieren ...

Nachdem wir eine erste Kontaktaufnahme mit den Schülerinnen und Schülern gestaltet haben, werfen wir mit Kraft einen, in eine durchsichtige Plastiktüte gehüllten, Keramikblumentopf auf den Boden, der sofort in viele Scherben zerbricht. Mitgebrachte Tonscherben ergänzen „den Scherbenhaufen". Wir laden die 10-11-Jährigen ein, sich jeweils eine Scherbe zu nehmen. Wir bitten sie zu sagen, was mit dem bestehenden Konflikt möglicherweise schon zerbrochen oder welcher Schaden bereits entstanden ist. Zögernd beginnen die Kinder zu berichten.

Leon ist aus einem anderen Bundesland zugezogen und neu in der Klasse 5b. Er fühlte sich allein und ausgeschlossen. Die anderen Kinder lachten über ihn, weil er einen ungewohnten Akzent hat. Er wollte unbedingt mitspielen. Darum lief er immer hinter den anderen Jungs her, die sich belästigt fühlten. Deshalb sagten sie oft: „Hau ab, du nervst!" Leon war traurig und überlegte, wie er sich beliebt machen kann. Er sammelte Witze und lernte sie auswendig. In der Schule erzählte er sie *„allen und jedem"*. Aber keiner lachte wirklich! Alle sagten: *„Hör' endlich auf!"*

Jetzt wollte Leon etwas finden, wofür ihn alle bewundern. Er warf kurz vor Unterrichtsbeginn drei nasse Teebeutel an die Decke. Als die Lehrerin kam, fielen sie ihr auf den Kopf. Sie war sehr erschrocken und verärgert und gab der ganzen Klasse in ihrem spontanen Ärger eine Strafarbeit. Nun war die ganze Klasse aufgebracht gegen Leon. Die Geschichte eskalierte endgültig, als eines Tages Folgendes passiert: Leon schießt beim Fußballspiel der Klasse einem Mädchen den Ball ins Gesicht. Das Mädchen blutet heftig aus der Nase. Die Kinder sind zornig und schreien Leon an: *„Das hast du absichtlich gemacht. Du bist so was von dumm!"* Ein Schüler schubst und schlägt ihn.

Anwendung der Methode „Außenseiter-Ritual":

Ich bitte Leon, sich zu mir zu stellen. Meine Kollegin erstellt mit der Klasse in der Zeit einen Stuhlkreis, bei dem sich die Stuhllehnen aneinander berühren. Leon und ich stehen außerhalb des Kreises. *„Wir haben jetzt eine Situation, wie ihr sie alle kennt. Als Klasse seid ihr jetzt eng beieinander, während Leon außen vor ist. Ich möchte euch einladen, euch zu überlegen, wie es Leon geht, wenn er nicht zu euch gehört. Das geht so: Sprecht mal, als ob ihr Leon wärt, wie Leon sich gerade fühlt. Wenn dir das schwer fällt, überlege, wie du dich fühlen würdest, wenn du an der Stelle von Leon bist."* Meine Kollegin ergänzt: *„Ich mache mal ein Beispiel. Wenn du denkst, dass Leon sich allein fühlt, dann sagst du: ‚Ich, Leon, fühle mich allein.' Jeder von euch, der eine Idee hat, fängt den Satz bitte so an: ‚Ich, Leon,* *fühle mich ...' Ist euch die Aufgabe klar?"* Die Schüler/innen nicken. *„Leon überlegt sich dann immer, ob das für ihn richtig ist"*, erkläre ich weiter, *„und stellt sich dann hinter den Stuhl von der Person, die gerade etwas gesagt hat. Wenn es ganz richtig ist, dicht hinter den Stuhl, wenn es nur zum Teil richtig ist, weiter weg usw. Also, wer fängt an?"*

Jan-Dominik beginnt als Erster: *„Ich, Leon, fühle mich gekränkt."* Leon stellt sich nah hinter den Stuhl von Jan-Dominik. Anschließend kommt er zu mir zurück. Nach einer kurzen Pause macht Naima weiter: *„Ich, Leon, fühle mich ausgeschlossen."* Leon stellt sich ganz dicht hinter Naima, sein Hände können die Stuhllehne berühren. Tobias: *„Ich, Leon, bin verzweifelt."* Wieder geht Leon los und postiert sich hinter Tobias, dieses Mal etwas weiter weg. Laura: *„Ich, Leon, fühle mich sauer."* Suki sagt: *„Leon ist wütend."* Bei beiden stellt sich Leon sehr nah hinter die Stühle.

Meine Kollegin führt den nächsten Schritt ein: *„Als Nächstes überlegt euch bitte, was Leon braucht, was er sich wünscht, damit er sich wieder besser fühlt. Ich mache wieder ein Beispiel: ‚Ich, Leon, wünsche mir, mitspielen zu können.' Wieder wird sich nach jeder Aussage Leon hinter den Stuhl stellen und damit zeigen, ob das stimmt, was ihr gesagt habt. Wer möchte beginnen?"*

Benedikt sagt: *„Ich, Leon, wünsche mir, Freunde zu haben."* Leon stellt sich ganz dicht hinter Benedikt. Robin: *„Ich, Leon, wünsche mir, beim Fußball mit den Jungs spielen zu können."* Leon begibt sich nah hinter den Stuhl von Robin. Er wird jetzt etwas mutiger und kehrt danach nicht mehr zu mir zurück, sondern bleibt an diesem Platz stehen, bis die nächste Aussage gemacht wurde. Tom: *„Ich, Leon, wünsche mir, gemeinsam in die Pause zu gehen."* Bei dieser und den nächsten Aussagen ist Leon ganz nah bei den Mitschüler/innen.

Zum Abschluss dieses Methodenabschnitts frage ich Leon, wie es ihm jetzt geht. Leon: *„Hätte nicht gedacht, dass die anderen mich so gut verstehen. Ich fühl mich irgendwie gut."*

„Ich freue mich darüber, wie das geklappt hat!", sage ich und erkläre die zweite Phase. *„Bitte nehmt euren Stuhl und macht den Kreis größer. Geht dazu drei Schritte nach außen und setzt euch dann wieder auf den Stuhl. Leon, du kommst mit mir in die Mitte. Jetzt bist du an der Reihe. Versetz dich mal in deine Klassenkamerad/innen und sag, was du denkst, wie sich die Klasse fühlt. Ich mache mal ein Beispiel: ‚Wir fühlen uns hilflos.' Hast du noch Fragen, Leon?"* Leon schüttelt den Kopf und geht in die Mitte. Er wirkt aufgeregt. – Meine Kollegin wendet sich an die Klasse und sagt: *„Und ihr habt die Aufgabe, genauso wie Leon vorhin, euch nach jeder Aussage um Leon zu stellen und dadurch zu zeigen, ob die Aussage zutrifft oder eher nicht."*

Leon beginnt: *„Wir fühlen uns belästigt."* Die Klasse stellt sich relativ dicht um Leon. *„Wir sind sauer."* Wieder stehen die Schüler/innen auf und stellen sich rings um Leon. Leon macht noch weitere Aussagen, die ebenfalls eine hohe Zustimmung erfahren: *„Wir fühlen uns verfolgt"*, *„Wir fühlen uns ärgerlich"*, *„Wir fühlen uns ungerecht behandelt, wenn die Lehrerin uns alle bestraft."*

Auch Leon bekommt die Aufgabe zu sagen, was er denkt, was die Klasse möchte, und die Klasse stellt sich dazu wieder rings um ihn auf. Leon: *„Wir möchten normal sein"*, *„Wir möchten Spaß in der Schule haben"*, *„Wir möchten friedlich miteinander auskommen."* Wieder stellen sich die Schülerinnen und Schüler jeweils dicht um Leon auf. Besonders die letzte Aussage hat eine sehr hohe Zustimmung gezeigt.

Hier fragen wir, wie es der Klasse um Leon jetzt geht. Wir hören Kommentare wie: *„Der weiß ja genau, wie's für uns ist. Wieso klappt's dann nicht?"* Und: *„Ich find's ganz schön mutig, wie Leon hier redet."* Und: *„Ich fühl mich Leon jetzt irgendwie näher."* Wir bedanken uns bei allen und sagen: *„Bitte kommt wieder alle in den Stuhlkreis zusammen. Leon, meine Kollegin und ich setzen uns jetzt zu euch in den Kreis."* Beim ersten Teil der Methode fiel mir auf, dass Katharina sich gut in Leon hineinversetzen kann und ich frage sie, ob sie bereit ist – stellvertretend für die Klasse – eine Mediation mit Leon durchzuführen. Wir führen eine kurze Schülermediation zwischen den beiden durch. Dabei sitzen sie in der Mitte mit uns beiden Mediatorinnen und die Klasse sitzt im Außenkreis (s. Methode Fishbowl). Die Mediation endet damit, dass beide gegenseitig Wünsche und Angebote an den anderen äußern. Nachdem wir hier eine Übereinstimmung erzielen konnten – die Wünsche decken sich jeweils mit den Angeboten der anderen Seite – frage ich die Klasse, ob die Schüler bereit sind, das Ergebnis mitzutragen. Nachdem von dort Zustimmung kommt, geben wir einen interessant aussehenden „Redestein" herum und bitten alle, zu sagen, wie es ihnen geht. Viele formulieren ihre Erleichterung, haben Mut in die Mediation gewonnen und möchten jetzt noch weitere Themen klären; andere erklären, dass sie zwar froh sind, den Konflikt mit Leon geklärt zu haben, aber noch skeptisch sind, *„ob der Friede hält"*. Wir danken den Kindern, mitgemacht zu haben, und empfehlen: *„Wir schlagen euch vor, dass wir erst mal eine Pause machen. Und nach der Pause schreiben wir die Vereinbarungen, die ihr eben gefunden habt, noch einmal auf Zettel, die wir für euch kopieren. Danach sprechen wir darüber, ob ihr weitere Konflikte klären wollt, okay?"*

Überblick: „Außenseiter-Ritual"	
Kurzbeschreibung	Das zurzeit „außen" stehende Gruppenmitglied und die Restgruppe geben sich in einer stark strukturierten Form gegenseitig Einfühlung.
Voraussetzungen	➜ Die Gruppe klagt geschlossen ein Gruppenmitglied an und umgekehrt. ➜ Sie und die Gruppe möchten den „Außenseiterkonflikt" bearbeiten und dabei eine destruktive Eskalation vermeiden.
Chancen	✓ Durch die strukturierte Unterstützung der gegenseitigen Empathiefähigkeit wächst die Bereitschaft, zu entspannen, sich zuzuhören und neu gehörte Aspekte ernst zu nehmen. ✓ Aus dieser neuen Gesprächsqualität entsteht das Verständnis füreinander und für ein ungelöstes Thema in der Gesamtgruppe.
Risiken	Der/die Einzelne (Außenseiter/in in der Gruppe gleichen Ranges oder Führungskraft) möchte sich nicht exponieren, da der Druck bzw. die Angst zu groß ist, durch dieses „Ritual" Schaden bzw. Gesichtsverlust zu erleiden.

Vierte Phase der Konfliktklärung in Gruppen: Lösungssuche

Kapitelübersicht → Vierte Phase: die Lösungssuche

Einführung

Die vierte Phase ist in der Regel bereits von einer Atmosphäre der Entspannung und des Tatendrangs geprägt. Vor Beginn sollte der Inhalt (Sammlung von Lösungsideen) angekündigt und erst einmal eine Erholungspause anberaumt werden. Oft sieht man in der Pause ehemals zerstrittene Mitglieder der Gruppe, wie sie zusammen am Kaffeebuffet stehen und lebhaft miteinander reden, entweder Details „nacharbeiten", bilaterale Verständigung nachholen oder Lösungsideen diskutieren. **Die Pausen sind mit anderen Worten äußerst produktiv** und erfüllen nebenbei auch das Bedürfnis nach Autonomie (mal so zu diskutieren wie man möchte, ohne immerzu moderiert, strukturiert und „aktiv zugehört" zu werden) sowie das Bedürfnis nach Schutz (sich unter vier Augen freizusprechen und „ins Unreine zu reden", ohne den Druck der gesamten zuhörenden Gruppe plus Moderationsteam aushalten zu müssen).

Im Plenum gilt es jetzt, eine Methode einzuführen, welche die Themenlage und den Bedarf der Gruppe aufgreift und unterstützt. Bei der Durchführung ist es dienlich, **sich als moderierende Person zunehmend zurückzuhalten und den Moderations- und Strukturierungskompetenzen der Gruppe mehr und mehr Raum zu geben**. Sie ist durch das Nadelöhr der Verständigung hindurchgegangen und hat wieder vollen Zugang zu ihren Ressourcen und Energien gefunden. Oft wird eine engmaschige externe Moderation in der vierten Phase eher als störend und entmündigend empfunden.

Sie sind als Mediator oder Mediatorin dann gefragt, wenn die Gruppe durch das Aufdecken eines ungeklärten Themas noch einmal Elemente der zweiten und dritten Phase braucht. **Gehen Sie bei starken Emotionsäußerungen direkt zur „Erste-Hilfe-Empathie" über.** Bei Bedarf klären Sie mit der Gruppe, ob sie das Thema jetzt bearbeiten möchte und eine unterstützende Methode gewünscht wird. Auch die Teilnehmenden – genau wie Sie – brauchen einen Moment, um zu realisieren, dass der Horizont der Lösungsfindungen noch nicht erreicht ist, um sich wieder auf Phase 2 und 3 einzustellen.

PRAKTISCHE METHODEN:

1. Priorisierung durch ABC-Kreise

Kurzbeschreibung

Die Gruppe priorisiert ihre zahlreichen Themen nach drei Kriterien: A: von uns unmittelbar lösbar, B: außerhalb der Mediation lösbar, C: von uns nicht beeinflussbar.

... ist sinnvoll bei folgenden Voraussetzungen

Die Gruppe hat eine **lange Liste von Themen er- und bearbeitet**, allerdings kann sie aus Gründen der mangelnden Beeinflussbarkeit oder mangelnder Zeit **nicht zu allen Themen Lösungen** vereinbaren.

Die Struktur der ABC-Priorisierung

1. Vorbereitung
Sie zeichnen auf einen Pinnwandbogen oder auf zwei aneinander geklebte Flipchartblätter drei Kreise konzentrisch ineinander. In den inneren Kreis schreiben Sie ein A, in den mittleren Kreis ein B und in den äußeren ein C. An den Rand des Papierbogens schreiben Sie folgende Erklärung:

A = Dringliche Themen, die von uns unmittelbar lösbar sind und zu denen wir hier und jetzt Vereinbarungen finden.
B = Themen, zu denen wir außerhalb dieser moderierten Sitzung Lösungen finden.
C = Themen, die uns beeinträchtigen, jedoch von uns nicht beeinflussbar sind.

2. Auftrag an die Gruppe
Sie legen den Bogen mit den ABC-Kreisen auf den Boden oder auf einen Tisch und bitten die Gruppe, sich um den Bogen zu versammeln. Die Gruppe soll die in den vorherigen Arbeitsphasen gesammelten Themen selbst in die Kreise sortieren und schriftlich übertragen.

3. Lösungsfindung
➜ Sie arbeiten mit dem „Maßnahmenplan" (weitere Methode in der fünften Phase – siehe dort) weiter.

→ Sie bitten die Teilnehmenden, zu den Themen im A-Kreis Vereinbarungen zu formulieren, und tragen die Details in den Maßnahmenplan ein. Weiterhin bitten Sie die Gruppe, anhand der Themen im B-Kreis zu überlegen, in welchem Rahmen, zu welchem Zeitpunkt und von wem das jeweilige Thema eingebracht, moderiert und Lösungen zugeführt wird.

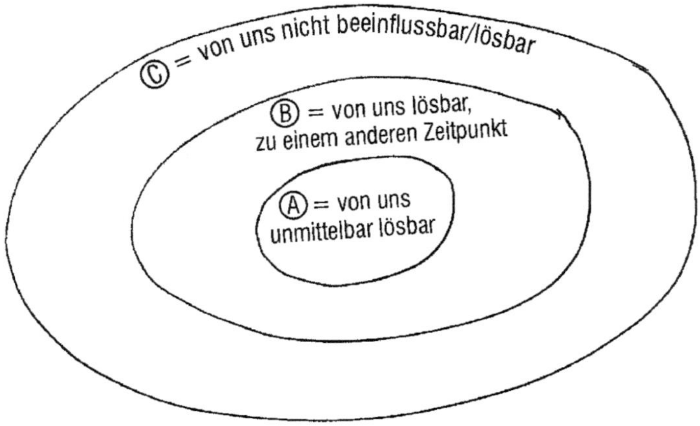

Abb. 25

··> Techniken in der Methode

Arbeiten mit Pinnwandpapier im Plenum, Aktives Zuhören, Maßnahmenplan

··> Chancen der Methode

Bei Konfliktklärungen in Gruppen ist es oft der Fall, dass „endlich" über vieles gesprochen werden kann und erst im gemeinsamen Gespräch die breite Dimension der Themen deutlich wird. Es entsteht der Eindruck eines „Fasses ohne Boden" und damit Zeitdruck, Hektik, Überforderungsgefühle und Ungeduld unter den Teilnehmenden. Mit den ABC-Kreisen kann der Druck genommen werden, da die Gruppe sich auf „hier und jetzt" zu vereinbarende Themen beschränkt und gleichzeitig sichert, wann andere bearbeitet werden.

··> Risiken der Methode und Tipps

Die Methode ist nicht sinnvoll, wenn sich unter den Teilnehmenden im Laufe des Verfahrens und der Arbeitspausen eine klare Meinung über die wirklich dringlichen und lösbaren Themen herausgebildet hat. In diesem Fall wechseln Sie sofort zum Maßnahmenplan über.

Praxisbeispiel: Vorstand Sport- und Freizeitverein Heidelberg (11 Personen)

Vorgeschichte:
Der Sport- und Freizeitverein Heidelberg ist ein erfolgreicher Verein mit langjähriger Tradition. Die Mitglieder sind dem Verein teilweise schon über Jahrzehnte verbunden. Um die Attraktivität für Neumitglieder zu erhöhen, wurde in den letzten Jahren das Angebotsspektrum um eine große Anzahl an Freizeitaktivitäten vor allem für Kinder, Jugendliche und junge Familien erweitert. Besonders die Jugendfreizeiten und Ausflüge für Teens werden stark nachgefragt. Vor sechs Monaten hat der Vorstand mit einem neuen Vereinsnamen (vorher: „Turnverein Heidelberg") der Entwicklung Rechnung getragen.

Bei den Veränderungen des Vereins in der Angebotspalette und im Außenauftritt wurden die Strukturen nach innen nicht thematisiert. Seit Wochen eskaliert nun ein Streit zwischen der langjährigen Schatzmeisterin, Frau Monetopolos, und dem neuen Kassenprüfer, Herrn Köster, einem zum ersten Mal in diese Funktion gewählten Betriebswirt. Der Vorstand richtet eine Anfrage zur Mediation zwischen Frau Monetopolos und Herrn Köster an das Business Mediation Center. Aufgrund der bestehenden Polarisierung im gesamten Vorstand nimmt auf meine Empfehlung der gesamte Vorstand schließlich an der Mediation teil. In der zweiten Phase kommen alle strittigen Punkte auf den Tisch und wir führen vorab eine Team- bzw. Organisationsentwicklung durch. Viele Themen werden zur Bearbeitung vom Gesamtvorstand genannt und auf ein Flipchart notiert.

Anwendung der Methode „ABC-Kreise":
In einer Pause bespreche ich mit meinem Co-Mediator das weitere Vorgehen. Wir verständigen uns darauf, mit Hilfe von ABC-Kreisen die Fülle an Themen zu priorisieren. Bis zur Wiederaufnahme der Teammediation haben wir die Kreise auf einem großen Pinnwandbogen aufgezeichnet und aufgehängt.

Mein Co-Mediator leitet die Methode ein: *„Sie haben eine Fülle an Themen genannt, die Ihnen persönlich wichtig zur Bearbeitung sind. Angesichts der großen Vielfalt an Themen und der begrenzten Zeit im Rahmen der Mediation schlagen wir vor, dass Sie selbst Ihre Themen daraufhin überprüfen, ob sie hier und mit unserer Hilfe geklärt werden können bzw. müssen. Bitte ordnen Sie gemeinsam jedes Thema einem Kreis zu."*

Ich ergänze: *„Beachten Sie bitte, dass Sie nicht noch einmal erneut in die Themenfindung einsteigen, sondern die bereits genannten Themen der Kategorie A = ‚Soll und kann hier gemeinsam gelöst werden', Kategorie B = ‚Dieses Thema können wir ohne externe Hilfe selbst bearbeiten' oder Kategorie C = ‚Thema, das als störend empfunden wird, aber nicht beeinflussbar ist' zuordnen."*

Der Vorstand verabredet, dass Frau Hartmann die Themensammlung vom Flipchart Punkt für Punkt vorliest und alle gemeinsam überlegen, wo sie welches Thema eintragen möchten. Dabei entsteht folgendes Bild:

A *Für die Vorstandsaufgaben wird ein Zeitplan erarbeitet, der verbindlich eingehalten wird* (Zeitmanagement).
Unzufriedenheit mit ungleichem Engagement (strenge Aufgabenabarbeitung vs. viel Zeit investieren).
Es gibt von jeder Vorstandssitzung ein Protokoll.

B *Wir brauchen für die Feste mehr Hilfsangebote, Kuchen zu backen.*

C *Sinkende Mitgliederzahlen* (→ keine Lösung findbar).
Anzeigen in Lokalpresse schalten (→ keine finanziellen Mittel).

Nachdem die Themen zugeordnet worden sind, ist eine Agenda entstanden, die mit Hilfe eines Maßnahmenplans bearbeitet wird (Kategorie A). Für die Themen der Kategorie B wird ein Termin vereinbart, an dem die Vorstandsmitglieder selbständig daran weiterarbeiten werden.

Zum Abschluss der Methode holen wir mit einem kurzen Blitzlicht von jedem Teilnehmer ein Stimmungsbild ein. Mit Metaphern aus dem Wetterbericht („*sonnig*", „*leicht bewölkt*", „*Hochdruckgebiet*" etc.) äußern sich die Medianten positiv über diesen Arbeitsschritt.

Frau Monetopolos ergänzt „*Die Menge an Themen hat mich bisher verwirrt, da mir klar war, dass wir in der uns bleibenden Zeit nicht alles klären können. Jetzt haben wir übersichtliche Aufgaben, die zu bewältigen sind.*"

Überblick: „Priorisierung durch ABC-Kreise"	
Kurzbeschreibung	Die Gruppe priorisiert ihre zahlreichen Themen nach drei Kriterien: A: von uns unmittelbar lösbar, B: außerhalb der Mediation lösbar, C: von uns nicht beeinflussbar.
Voraussetzungen	➔ Die Gruppe hat eine lange Liste von Themen er- und bearbeitet, allerdings kann sie aus Gründen der mangelnden Beeinflussbarkeit oder mangelnder Zeit nicht zu allen Themen Lösungen vereinbaren.
Chancen	✓ Die Gruppe verliert die Angst vor der sie überfordernden Fülle an Themen. ✓ Die Gruppe beschränkt sich auf „hier und jetzt" zu vereinbarende Themen und sichert gleichzeitig, wann andere bearbeitet werden.
Risiken	Die Gruppe hat bereits ein eindeutiges Thema definiert, zu dem sie Lösungen finden will, und sperrt sich folgerichtig gegen die Priorisierung durch ABC-Kreise.

2. Kuchenstücke

Kurzbeschreibung

Jedes Gruppenmitglied benennt eigene konkrete Verhaltensweisen, die dazu beitragen, eine gemeinsam beschlossene Qualität (z.B. gegenseitige Fairness) oder Vereinbarung zu sichern.

Die Methode „Kuchenstücke" ist sinnvoll bei folgenden Voraussetzungen

- ✓ Die Zielgruppe **schätzt ganzheitliche Symbolik und Visualisierung**.
- ✓ Die Gruppe möchte ein Thema der **Beziehungsebene** lösen (Beispiele: Ausdruck gegenseitiger Wertschätzung im Alltag; verbesserte Konfliktkultur; gerechte Verteilung der Verantwortung).
- ✓ Das Mediationsteam hört aus der Gruppe häufig Redewendungen wie **„Man sollte ...", „Die Gruppe müsste ..."**.
- ✓ Das Mediationsteam ist sicher, dass das Beziehungsthema **nicht als Ablenkung** von einem brisanten Sachthema dient.

Die Struktur der Kuchenstück-Methode

1. Vorbereitung

Sie schneiden einen Kreis vom Querdurchmesser eines Flipcharts aus (bei Gruppen über 15 Personen nehmen Sie vorzugsweise einen Pinnwandbogen) und schneiden ihn in so viele „Kuchenstücke" wie die Anzahl der Teilnehmenden.

2. Auftrag an die Gruppe

- ➜ Sie bitten die Teilnehmenden, sich ein Papier-Kuchenstück zu nehmen und mit dickem Stift in Einzelarbeit darauf ein bis drei „Beiträge" zu notieren nach dem Motto: *„Was trage ich persönlich in Zukunft dazu bei, das Thema X, die Qualität Y in unserer Gruppe zu fördern?"*
- ➜ Bei Rückkehr aus der Einzelarbeit laden Sie die Einzelnen ein, ihren Beitrag laut vorzulesen und auf die Mitte des Bodens zu legen.

3. Nacharbeit

Leiten Sie ein „Blitzlicht" ein: Was bewegt die Einzelnen nach der Kuchenstück-Methode?

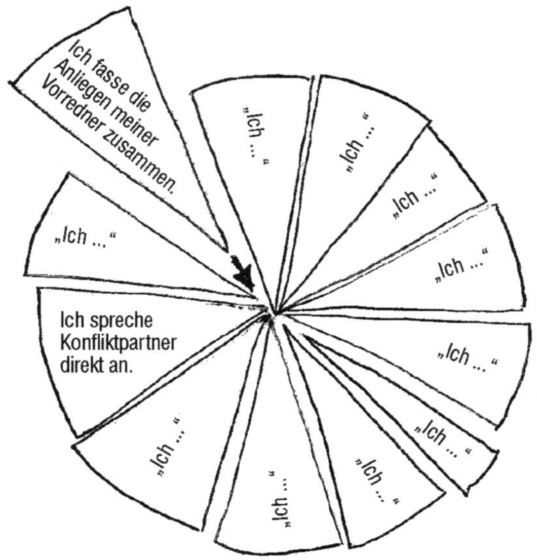

Abb. 26

···› Techniken in der Methode

Schriftliche Einzelarbeit, Visualisierung im Plenum

···› Chancen der Methode

Einladung zur Selbstverantwortung: Es wird deutlich, dass alle gemeinsam zum Gelingen einer neuen Qualität beitragen. Die Erreichung eines Ziels hängt von den Beiträgen aller oder zumindest der Mehrheit der Gruppe ab. Die Motivation für die fünfte Phase (schriftliches Festhalten tragfähiger Vereinbarungen durch Maßnahmenplanung) wird gesteigert, wenn zu diesem Zeitpunkt klar ist, dass sich alle beteiligen.

···› Risiken der Methode und Tipps

Sie könnte dazu verführen, man habe tragfähige Vereinbarungen für die Zukunft gefunden. Das ist natürlich bei Selbstverpflichtungen nicht der Fall. Zu den Vereinbarungen per Maßnahmenplanung in der fünften Phase gehört der gemeinsame Konsens über die vereinbarten Maßnahmen (mit präzisen Detailformulierungen). Machen Sie diese Tatsache transparent.

Praxisbeispiel: Elterninitiative Evangelische Kirche in Stuttgart (15 Personen)

Vorgeschichte:
Die Elterninitiative einer ev. Kirchengemeinde in Stuttgart droht auseinander zu brechen. Seit 12 Jahren treffen sich die Eltern regelmäßig im Gemeindesaal, um sich auszutauschen, sich gegenseitig durch Babysitten zu unterstützen oder Kinderkleidung untereinander weiterzugeben. Die Gruppe existiert bereits seit 12 Jahren, als eine Mutter einen Kurs in der Gemeinde organisiert hat.

Während der Mediation wird klar, dass hohe Ideale in der Gruppe verbinden und bei allen eine große Motivation zur Beziehungsklärung vorhanden ist. Wiederholt werden Vorwürfe und Traurigkeit über die derzeitige Situation geäußert: *„Bei uns ist der Wurm drin und wir haben Angst auseinander zu brechen."* In den vorhergehenden Mediationsphasen wurden verschiedene *„Beziehungsthemen"* genannt und bearbeitet, u.a. der Umgang mit Konflikten. In der Vergangenheit wurden Konflikte nicht offen angegangen und geklärt, sondern nach einem Konflikt haben die *„Telefondrähte geglüht"* und einzelne Personen haben sich hinter dem Rücken der betroffenen Person getroffen und den Konflikt besprochen. Zu diesem Themenkomplex wird die „Kuchenstücke"-Methode angewendet. (Hinweis: Für die weiteren Themen wird mit derselben oder anderen Methoden die Phase 4 anschließend durchgeführt.)

Anwendung der Methode „Kuchenstücke":
Während mein Kollege die vorbereiteten Papier-„Kuchenstücke" und Stifte verteilt, leite ich die Methode ein: *„In der Vergangenheit hat der fehlende offene Umgang mit Konflikten die Atmosphäre in der Gruppe belastet. Bitte überlegen Sie sich in den nächsten zehn Minuten: Was tue ich in Zukunft persönlich, um zu einer konstruktiven Konfliktklärung beizutragen? – Schreiben Sie dazu jeweils ein bis drei Stichworte auf Ihr Kuchenstück. Wenn alle fertig sind, legen Sie Ihr Kuchenstück in die Mitte und lesen Ihren Beitrag bitte laut vor."*

Nach einer kurzen Zeit des Nachdenkens und der Stille beginnen die Eltern ihre Kuchenstücke zu beschriften.

Exemplarisch für eine große Anzahl von Lösungsvorschlägen stellen wir Ihnen eine Reihe von Antworten vor:
Frau Isenberg: *„Bei einem Streit mit einer Person aus unserer Initiative spreche ich diese direkt an, wenn ich es mir zutraue."* Herr Weise: *„Wenn ich merke, dass ich Angst vor einer direkten Aussprache habe, bitte ich eine dritte Person aus der Gruppe dazuzukommen."* Herr Isenberg: *„In der Mediation hat mich so beeindruckt, wie Sie uns mit dem ‚Aktiven Zuhören' durch das Nadelöhr geführt haben. Das fand ich Klasse. Ich bemühe mich, dem anderen zuzuhören und sein Anliegen mit meinen eigenen Worten wiederzugeben."* Frau Radtke: *„Ich bitte Gitta um ein Gespräch unter vier Augen."* Frau Gärtner: *„Wir suchen uns wieder jemand für eine Mediation, wenn wir einen Konflikt nicht innerhalb von vier Wochen selbst geregelt bekommen."*

Der Kuchen ist „groß" geworden. Viele Vorschläge für eine konstruktive Konfliktkultur sind zusammengekommen. Auch in dieser Gruppe haben sich einige Beiträge wiederholt, dadurch werden erste Übereinstimmungen als Grundlage für einen Konsens sichtbar.

Zum Ende der Lösungssuche fragen wir die Stimmung bei den versammelten Eltern ab. Dazu kreist ein kleiner Ball reihum, und jede/r sagt einen Satz, wie es ihr/ihm gerade geht.

Alternative:
Diese Methode kann in einer Gruppe auch mit zwei Kreisen und „themenübergreifend" durchgeführt werden. Die Teilnehmer haben dabei die Themen in den vorhergehenden Phasen bereits bearbeitet und bekommen dann zwei Kuchenstücke auf die Fragen:

➜ *Was bin ich bereit zu geben?*
➜ *Was denke ich, was die Gruppe bräuchte?*

Dadurch wird Raum geschaffen für Vorschläge, die möglicherweise für die Gesamtgruppe hilfreich sind, aber nicht von der Person selbst durchgeführt oder initiiert werden, z.B. regelmäßige Morgenrunde bei den Treffen, Förderung der Konfliktkultur durch eine gemeinsame Fortbildung in GFK.

Überblick: „Kuchenstücke“	
Kurzbeschreibung	Jedes Gruppenmitglied benennt eigene konkrete Verhaltensweisen, die dazu beitragen, eine gemeinsam beschlossene Qualität oder Vereinbarung zu sichern.
Voraussetzungen	➜ Die Zielgruppe schätzt ganzheitliche Symbolik und Visualisierung. ➜ Die Gruppe möchte ein Thema der Beziehungsebene lösen. ➜ Das Mediationsteam hört aus der Gruppe häufig unklare Zuschreibungen wie „man sollte ...“ ➜ Das Mediationsteam ist sicher, dass das Beziehungsthema nicht als Ablenkung von einem brisanten Sachthema dient.
Chancen	✓ Einladung zur Selbstverantwortung. ✓ Die Motivation für die fünfte Phase wird gesteigert, vorausgesetzt, dass zu diesem Zeitpunkt der Beteiligung aller klar ist.
Risiken	Das Ergebnis der Methode könnte zur Vorstellung verführen, man habe tragfähige Vereinbarungen für die Zukunft gefunden.

3. Kartenabfrage

⇢ Kurzbeschreibung

Die Teilnehmenden schreiben ihre Lösungvorschläge auf Moderationskarten, welche in der Folge für alle sichtbar an Wände gehängt und diskutiert werden.

⇢ Die „Kartenabfrage" ist sinnvoll bei folgenden Voraussetzungen

✓ Die Gruppe besteht aus **mehr als zehn Personen**.
✓ Das Konfliktthema ist komplex und **seine Lösung erfordert viele verschiedene Ansätze** und Schritte.
✓ Die Gruppe verfügt über wenige engagierte Vielredner/innen und **viele Personen, die schweigen und abwarten**.

⇢ Die Struktur der Kartenabfrage

1. Vorbereitung
Sie teilen pro Person drei Karten aus und legen einen Stapel Karten zusätzlich in die Mitte. Ebenso reichen Sie dicke Stifte herum.

2. Auftrag an die Gruppe

→ Sie bitten die Teilnehmenden, sich zu zweit zusammenzusetzen (bei Gruppengröße ab 15 zu dritt), Lösungsideen zu entwerfen und je eine Idee auf eine Karte zu notieren. Ermutigen Sie die Gruppe, auch ungewöhnliche oder unmöglich scheinende Schritte aufzuschreiben. „Verrückte" und fantasievolle Ideen sind in dieser Phase ebenso gefragt wie realistisch scheinende und erfahrungsgemäß durchführbare Vorschläge.
→ Anschließend sammeln Sie die Karten ein, lesen Sie eine nach der anderen vor und legen sie entweder nebeneinander auf den Boden oder befestigen sie an der Pinnwand.
→ Laden Sie zu Klärungsfragen ein, die von den Autoren bzw. Autorinnen der Karten beantwortet werden.
→ Bitten Sie die Gruppe, die Karten zu Ideenfeldern zu sortieren. Ähnliche Vorschläge werden einander zugeordnet; übereinstimmende Karten übereinander gelegt/befestigt.

Abschluss
Schließlich laden Sie die Gruppe zu einer Gesamtbetrachtung der Lösungsideen ein: Gibt es Überraschungen? Erkenntnisse? Veränderungen in der Stimmung?

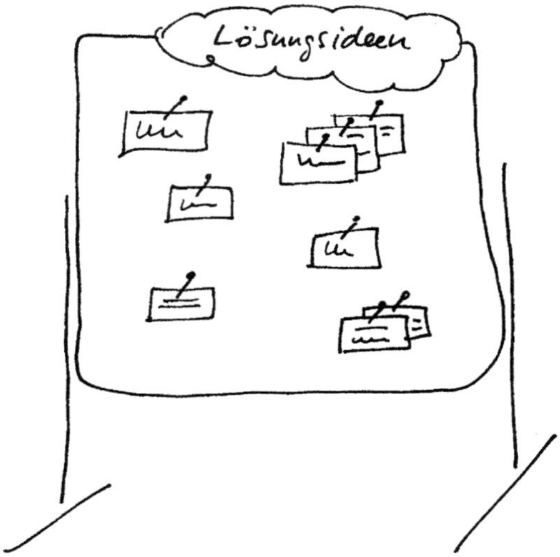

Abb. 27

⇢ Techniken in der Methode

Karten beschreiben lassen, vorlesen und präsentieren; Klärungsfragen und Sortierung der Karten moderieren; Gesamtbetrachtung der Karten mit der Gruppe

⇢ Chancen der Methode

Jede Person ist bei der Entwicklung von Ideen gefragt und kann ihre Ressourcen einbringen. Das Einsammeln der Karten und Vorlesen durch die moderierende Person bewirkt, dass die bspw. „verrückte" Idee nicht unmittelbar mit der schreibenden Person verknüpft und eventuell verlacht wird. Es geht in erster Linie darum, sich mit der Ideensammlung auseinander zu setzen. Die Visualisierung auf Karten ermöglicht die gemeinsame Konzentration auf das, was gerade besprochen wird, und die flexible Arbeit beim Sortieren (im Unterschied zu fixierten Stichworten auf dem Flipchart).

⇢ Risiken der Methode und Tipps

Einige möchten die Ideen im Plenum entwickeln und zeigen Unlust, sich in Zweier- oder Dreiergruppen aufzuteilen. In diesem Fall laden Sie die Teilnehmenden ein, sich so zu organisieren, dass sie produktiv werden können: nach freier Wahl in Einzelarbeit, Zweiergruppen oder großer Teilgruppe.

Praxisbeispiel: Sanierungsteam Öffentliche Verwaltung Dresden (11 Personen)

Vorgeschichte:
In der öffentlichen Verwaltung in Dresden wurde ein Sanierungsteam zusammengestellt, das über die Sanierung und Stadtentwicklung von öffentlichen Gebäuden, aber auch historischen Straßenzügen gemeinsam befindet. Das Team setzt sich aus 11 Personen mit unterschiedlichen Berufen (Architekten, Ingenieure, Jurist, Sachbearbeiter) und verschiedenen Rängen zusammen. Die Mitglieder der Projektgruppe sind nur zum Teil fest angestellt und werden durch freiberuflich arbeitende Personen mit Projektverträgen ergänzt. Leiter des Sanierungsteams ist Herr Baptist (60 Jahre), der eine hierarchische Struktur ablehnt. Nachdem ein politisch viel beachtetes Projekt an Unstimmigkeiten in der Gruppe gescheitert ist, erhalte ich von der Stadtverwaltung Dresden den Auftrag, gemeinsam mit meinem Kollegen im Rahmen einer Mediation Lösungen für eine zukünftige Zusammenarbeit zu entwickeln.

Bereits in den Vorgesprächen hat sich herausgestellt, dass die Projektmitarbeiter sehr unterschiedliche Vorstellungen über Projektmanagement haben, keiner hat bisher eine Fortbildung dazu besucht. Aus diesem Grund gebe ich gemeinsam mit meinem Kollegen über zwei Stunden eine kurze Einführung in Projektmanagement. Auf einer Pinnwand sind acht Projektphasen notiert und mit Stichworten erklärt. In den Mediationsphasen 2 und 3 wurde zunächst in Einzelarbeit, dann gemeinsam, erarbeitet, an welchen Stellen es immer wieder zu Schwierigkeiten im Projekt kommt *(fehlendes Zeitmanagement, misslungene Kommunikation, fehlende Informationen, keine Absprachen etc.).*

Anwendung der Methode „Kartenabfrage“:
Ich leite die Methode ein, während sich die Teilnehmenden Stifte und Karten aus der Mitte des Raumes nehmen können. *„Bitte bilden Sie Zweier-Teams, die gemeinsam entlang den Phasen eines Projektes Lösungsvorschläge finden sollen. Orientieren Sie sich bei den Farben der Karten bitte an den Farben der einzelnen Projektschritte auf der Pinnwand. Am Ende heften Sie die Karten unter die Projektstufen. So entsteht eine Matrix, die Lösungsvorschläge für jede einzelne Projektphase enthält.“* Mein Kollege fährt fort: *„Zum jetzigen Zeitpunkt sind alle Ideen willkommen und erlaubt. Bewerten Sie jetzt noch nicht die Realisierbarkeit, Finanzierbarkeit etc. Das erfolgt erst in einem weiteren Schritt. Möglicherweise entstehen so neue Ideen und Ansätze, an die Sie sonst gar nicht gedacht hätten.“*

In den nächsten 30 Minuten entsteht im Raum eine Atmosphäre hektischer Betriebsamkeit. Viele Kärtchen werden beschrieben und mehrere Male stehen Teilnehmer auf, um sich Nachschub zu holen. Nachdem niemand mehr schreibt und die Zeit abgelaufen ist, bitte ich alle Teilnehmer, ihre Karten nach vorne zu bringen und auf der Pinnwand zuzuordnen. Anschließend gehen wir Projektphase für Projektphase gemeinsam durch, indem ich die Punkte vorlese und die Teilnehmerinnen Verständnisfragen an den/die Autor/in der Karte richten können.

1. Ideensammlung
- → Spezialisierung auf Arbeitsschwerpunkte, um Doppelarbeit zu vermeiden (Bildung von Ressorts)
- → Präsentation von Ideen und Festsetzung eines Entscheidungstermins, Ideen werden vorab vom Büroleiter geprüft statt von der gesamten Gruppe
- → Präsentation des ausgesuchten Vorhabens vor der gesamten Mannschaft (Bürokommunikation)
- → Festlegung eines Standards für die Projektmanagementsoftware und Schulung
- → Festlegung eines Standards für die digitale Ablage und Papierablage

2. Projektidee und Projektauslösung
- → Teilprojektleiter, Chef nur noch überwachend/begleitend aktiv, steuernd
- → Einteilung der Projektmitarbeiter nach Eignung

- ➜ Installation von Projektbesprechungen (Projektteam, Projektleiter und Büroleiter), einmal pro Woche
- ➜ Aufstellen der groben Projektorganisation, Aufbau- und Ablauforganisation, Organisationshilfsmittel und Kommunikationsmatrix

3. Zieldefinition und Projektdefinition
- ➜ Projektbesprechungen einmal pro Woche
- ➜ Aufstellung des Zielkataloges, Einschätzung von Qualitätsstandards, Grobkosten- und Terminplanung
- ➜ Abstimmung mit Planungsbeteiligten (Auftraggeber, Nutzer, Fachplaner, Behörden etc.)
- ➜ Projektstart festlegen

4. Projektauftrag und Kick-Off
- ➜ Projektbesprechungen einmal pro Woche
- ➜ Festlegung der Projektdefinition, Qualitätsstandards, Kosten- und Terminplanung in Abstimmung mit Planungsbeteiligten (siehe oben)

5. Projektplanung
- ➜ Projektbesprechungen einmal pro Woche
- ➜ Durcharbeiten des Planungskonzeptes, Integrieren anderer Leistungen, Qualitäts-, Kosten- und Terminplanung in Abstimmung mit den Planungsbeteiligten (siehe oben)

6. Projektüberwachung
- ➜ Projektbesprechungen einmal pro Monat
- ➜ Abstimmen und Koordinieren der beauftragten Leistungen
- ➜ Qualitäts-, Kosten- und Terminkontrolle

7. Projektauswertung/Dokumentation
- ➜ Projektendbesprechung
- ➜ Präsentation der Projektdokumentation vor der gesamten Mannschaft (Bürokommunikation)

Für diese große Themenvielfalt bedanke ich mich bei den Medianten: *„Sie haben einen riesigen Pool an Verbesserungsideen zusammengetragen, die jetzt noch bewertet werden müssen. Ich bin mir sicher, dass Sie hier eine breite Basis gemeinsam erreichen werden, auf deren Grundlage Sie zukünftige Projekte erfolgreich angehen werden."* Mein Co-Mediator leitet die Abschlussrunde ein: *„Bitte geben Sie in einer kurzen Feedbackrunde uns und Ihnen als Gruppe eine Rückmeldung, wie Sie die gemeinsame Arbeit in den letzten zwei Stunden erlebt haben und wie es Ihnen jetzt geht."* Frau Osterloh: *„Ich bin erleichtert. Wir haben es hier unter Ihrer Anleitung geschafft, wieder Boden unter die Füße zu bekommen und nach vorne zu schauen."* Herr Schumann: *„Mir gefällt besonders gut, dass wir jetzt einen einheitlichen Wissensstand haben hinsichtlich dessen, worüber wir überhaupt reden. Jeder konnte seine Vorstellungen einbringen, wie das in der Praxis dann umgesetzt werden soll. Ich bin zuversichtlich, dass wir das hinkriegen."* Weitere Mitarbeiterinnen und Mitarbeiter des Sanierungsteams äußern sich zufrieden. Teilweise ist noch Skepsis vorhanden, ob die Umsetzung klappen wird, aber ich ermutige zum Ausprobieren. Schon jetzt vereinbaren wir einen Termin für ein Follow-Up-Treffen, in dem wir die Umsetzung überprüfen wollen.

Überblick: „Kartenabfrage“	
Kurzbeschreibung	Die Teilnehmenden schreiben ihre Lösungvorschläge auf Moderationskarten, welche in der Folge für alle sichtbar an Wände gehängt und diskutiert werden.
Voraussetzungen	➜ Die Gruppe besteht aus mehr als zehn Personen. ➜ Das Konfliktthema ist komplex und seine Lösung erfordert viele verschiedene Ansätze und Schritte. ➜ Die Gruppe verfügt über wenige engagierte Vielredner/innen und viele Personen, die schweigen und abwarten.
Chancen	✓ Jede Person ist bei der Entwicklung von Ideen gefragt. ✓ Das Einsammeln der Karten bewirkt, dass „verrückte“ Ideen nicht unmittelbar mit der schreibenden Person verknüpft und eventuell verlacht werden. ✓ Die Visualisierung ermöglicht einen gemeinsamen Fokus beim Diskutieren. ✓ Die Karten ermöglichen eine flexible Arbeit beim Sortieren.
Risiken	Einige möchten die Ideen im Plenum entwickeln und zeigen Unlust, sich in Zweier- oder Dreiergruppen aufzuteilen.

4. Kleingruppen mit Ergebnissen auf Plakaten

Kurzbeschreibung

Das Mediationsteam bittet die Teilnehmenden, in Kleingruppen mehrere Lösungsideen zu entwickeln und deutlich lesbar auf Plakate aufzuschreiben. Anschließend werden diese Ideen im Plenum diskutiert.

Die Kleingruppen sind sinnvoll bei folgenden Voraussetzungen

- ✓ Die Gruppe besteht aus **über 12 Personen**.
- ✓ Die Interessen und **Bedürfnisse hinter den Themen sind klar herausgearbeitet**.
- ✓ **Die Themen sind komplex**; eine Plenumsdiskussion über Lösungsideen wäre daher langwierig und ineffektiv.
- ✓ Der Konflikt hat die Erkenntnis hervorgebracht, dass in der 4. und 5. Phase des Verfahrens Schritte einer **Struktur- bzw. Organisationsentwicklung** anstehen.

Die Struktur der Kleingruppenarbeit

Variante I:

- ➜ Sie lassen die Teilnehmenden wählen, zu welchem Thema oder Unterthema sie arbeiten. Die Kleingruppen werden also nach Themen gebildet. Jede Kleingruppe bearbeitet demnach ein anderes Thema.
- ➜ Im Plenum werden die Ergebnisse zusammengetragen. Zu jedem Thema findet ein eigener Diskussionsprozess aller statt.

Variante II:

- ➜ Sie stellen die Kleingruppen bewusst so zusammen, dass ehemalige Kontrahenten oder Kontrahentinnen zusammenarbeiten und gemeinsam dafür sorgen, dass Bedürfnisse und Interessen von allen mit den Lösungsideen beantwortet werden. Alle Kleingruppen arbeiten also zu demselben Thema.
- ➜ Im Plenum werden die Ergebnisse vorgestellt, verglichen und diskutiert. Gerade durch die gleichzeitige Lösungssuche in getrennten Gruppen kommt eine Vielfalt zustande, die das Finden einer tragfähigen Lösung wahrscheinlich macht.

Abb. 28

⇢ Techniken der Methode

Kleingruppenarbeit, Plakaterstellung, Plenumsdiskussion, Moderation und Aktives Zuhören als Unterstützung der Plenumsdiskussion

⇢ Chancen der Methode

Durch diese Methode wird der „Kuchen“ der Lösungsmöglichkeiten, wie in der Verhandlungssprache gesagt wird, „vergrößert“. Wo vorher nur eine einzige scheinbar notwendige Strategie gefordert wurde, tauchen viele verschiedene Lösungsoptionen auf. Diese Arbeit ist eine effektive Vorbereitung auf die Maßnahmenplanung.

Die gemischten Kleingruppen haben den Vorteil, dass hier schon eingeübt wird, was auch im zukünftigen Alltag förderlich ist: statt „Entweder-oder“- bzw. „Sieger-Verlierer“-Lösungen zu produzieren, sorgen die Beteiligten (auch ehemalige Kontrahenten/Kontrahentinnen) dafür, dass die themenbezogenen Bedürfnisse und Ideen aller Teammitglieder gesehen und beantwortet werden.

⇢ Risiken der Methode und Tipps

Wenn Emotionen und die darunter liegenden unerfüllten Bedürfnisse in der zweiten und dritten Phase nicht nachhaltig gesehen und bearbeitet wurden, „kochen“ Vorwürfe und Forderungen in der Kleingruppenarbeit und im Plenum wieder „auf“. Das kann zu Ende der Konfliktklärung stark demotivierend wirken. In diesem Falle geben Sie den Einzelnen und der Gesamtgruppe Erste-Hilfe-Empathie. Sprechen Sie die Tatsache, dass Gefühle der Unzufriedenheit und der Frustration in der Gruppe noch gesehen werden möchten, direkt an und arbeiten Sie die Bedürfnisse und Interessen hinter den Gefühlen heraus.

Praxisbeispiel: GmbH Soziale Dienste in Berlin (35 Personen)

Vorgeschichte:
Die Mediation findet im Rahmen eines Klausurtages statt, der regelmäßig zwei Tage kurz vor den Sommerferien durchgeführt wird. Die Klausurtagung hat das Ziel, den Mitarbeitern eine Aussprache zu ermöglichen, die Entwicklung des laufenden Jahres zu reflektieren und die Gemeinschaft zu fördern. In der Regel wird dabei auch ein Referent zu einem Thema nach Wunsch der Mitarbeiter/innen eingeladen. Da es in letzter Zeit verstärkt Unstimmigkeiten in und zwischen den Schicht-Teams gegeben hat, unterbreitet die Geschäftsführung den Vorschlag, eine Mediation durchzuführen. Die Idee wird von allen befürwortet. Ich führe zusammen mit meiner Co-Mediatorin die Mediation im Team durch. In den vorhergehenden Phasen der Mediation wurden bereits die Themenfelder identifiziert und die zugrunde liegenden Bedürfnisse und Interessen herausgearbeitet.

Anwendung der Methode „Kleingruppen mit Ergebnissen auf Plakaten":
„Ich schlage vor, dass wir die Themenfelder von heute Vormittag als Grundlage für die Einteilung der Arbeitsgruppen nehmen", sage ich, während meine Kollegin Plakate mit den Themen als Überschriften im Raum auslegt. *„Gehen Sie langsam durch den Raum, schauen Sie sich noch mal jedes Thema an und überlegen Sie sich, zu welchem Thema Sie Lösungsvorschläge erarbeiten möchten. Finden Sie sich dann bei dem dazugehörigen Plakat ein. Ideal ist es, wenn die Personen möglichst gleichmäßig verteilt sind."*

Nach kurzer Zeit haben sich alle 35 Mitarbeiter/innen um Plakate gruppiert. Die Gruppen sind ähnlich groß, so dass die Arbeitsfähigkeit (Gruppengröße: drei bis acht Personen) gegeben ist. Meine Kollegin stellt die genaue Aufgabenstellung vor: *„Finden Sie in den nächsten 30 Minuten Ideen zur Lösung dieses Themas in einer Art Brainstorming. Tauschen Sie sich in Ihrer Gruppe über die einzelnen Punkte aus und finden Sie einen Konsens darüber, damit Sie nachher im Plenum gemeinsam Ihre Ergebnisse vorstellen können."* Ich ergänze: *„Uns ist wichtig, dass Sie Vertrauen in die Ergebnisse jeder Gruppe entwickeln. Zu jedem Thema haben sich Menschen zugeordnet, die an einer guten Lösung ein besonderes Interesse haben. Sie alle erarbeiten in Ihrem Bereich eine tragfähige Diskussionsgrundlage für die spätere Auseinandersetzung im Plenum. Die Gruppenergebnisse sind noch nicht ‚in Stein gemeißelt', sondern lediglich ein Vorschlag. Die eigentlichen Entscheidungen zur Lösungsfindung beschließen Sie gemeinsam im Plenum."*

In den nächsten Minuten entstehen Plakate mit folgenden Inhalten:

➜ *Schichtplanung*
Ausnahmen definieren; Ausgleich/Balance finden; alle müssen helfen, wenn jemand ausfällt; Plan 14 Tage vorher aushängen; Tausch direkt in Absprache mit Tauschpartner/in; nicht nur die Kolleg/innen aus der näheren Umgebung berücksichtigen

➜ *Kommunikation*
Wertschätzung zwischen den Schichten; Informationen sind wichtig für alle; wie erfahren abwesende Mitarbeiter (Urlaub/Krankheit) von wichtigen Informationen; Konflikte offen ansprechen statt hinter dem Rücken tratschen; nachfragen, wenn Unklarheit besteht; um Freundlichkeit sollen sich alle bemühen

➜ *Sitzungskultur in Teamsitzungen*
Flipchart benutzen; Protokoll schreiben; pünktlich anfangen; Themenliste erstellen; Gesprächsführung/Moderation; ausreden lassen; Protokoll innerhalb von fünf Tagen verteilen; Ziel: Spaß an Sitzung; Dauer zeitlich beschränken

→ *Fachlicher Austausch*
Bedarf an Auseinandersetzung, da viele Veränderungen in Pädagogik; Fortbildung, um Wissen aufzufrischen; einmal im Monat Teamsitzung zu einem Thema; regelmäßige Fortbildungen; was finden wir gut? (Meinungsbild erstellen)

→ *Leitung (Leiter arbeitet mit einer Gruppe)*
Verantwortung für Vorschläge übernehmen; Feedbackgespräche; kollegiales Einbringen der Mitarbeiter; Partizipation; Balance; Einarbeitung der Neuen organisieren; Leitung soll Orientierung geben; Transparenz bei Entscheidungen

Im Plenum präsentieren die Kleingruppen ihre Ergebnisse. Dazu werden die Plakate an der Wand aufgehängt. Wenn alle inhaltlichen Punkte und Verständnisfragen zu einem Plakat geklärt sind, können die Mitglieder aus anderen Gruppen sich zu den Ergebnissen äußern. Es kristallisiert sich heraus, dass mit den Lösungsvorschlägen allgemein eine hohe Zufriedenheit besteht. Die Konsensfeststellung wird eingeleitet mit der Frage (für jedes Themenfeld): *„Wie geht es Ihnen mit diesem Lösungsansatz?“* Später: *„Möchten Sie etwas ergänzen?“*

Abschließend führen wir eine Stimmungsabfrage per Handzeichen durch: Mit dem ausgestreckten Daumen symbolisieren alle reihum, wie es ihnen jetzt geht: Zu 80 Prozent zeigt der Daumen steil nach oben, die restlichen Daumen zeigen Nord-West, was ebenfalls einer hohen Zufriedenheit entspricht. (Daumen nach oben bedeutet *„Mir geht es sehr gut“*, Daumen nach unten bedeutet *„Mir geht es derzeit nicht gut“*, eine Daumenhaltung irgendwo dazwischen zeigt die Nuancen zwischen gut und weniger gut an.)

Überblick: „Kleingruppen mit Ergebnissen auf Plakaten“	
Kurzbeschreibung	Die Teilnehmenden entwickeln in Kleingruppen mehrere Lösungsideen und schreiben diese deutlich lesbar für das folgende Plenum auf Plakate.
Voraussetzungen	→ Die Gruppe besteht aus über 12 Personen. → Die Interessen und Bedürfnisse hinter den Themen sind klar herausgearbeitet. → Die Themen sind komplex; eine Plenumsdiskussion über Lösungsideen wäre daher langwierig und uneffektiv. → Der Konflikt hat die Erkenntnis hervorgebracht, dass in der vierten und fünften Phase des Verfahrens Schritte einer Struktur- bzw. Organisationsentwicklung anstehen.
Chancen	✓ Der „Kuchen“ der Lösungsmöglichkeiten wird vergrößert. ✓ Effektive Vorbereitung auf die Maßnahmenplanung. ✓ Die Beteiligten sorgen dafür, dass die themenbezogenen Bedürfnisse und Ideen aller Teammitglieder beantwortet werden.
Risiken	Wenn Emotionen in der zweiten und dritten Phase nicht nachhaltig gesehen und bearbeitet wurden, „kochen“ Vorwürfe und Forderungen in der Kleingruppenarbeit und im Plenum wieder „auf“.

Fünfte Phase der Konfliktklärung in Gruppen: Maßnahmensicherung

Kapitelübersicht → Fünfte Phase: die Maßnahmensicherung

Seite	Methode	Praxisbeispiel
118	***1. Visualisierung der Vereinbarungen auf dem Flipchart***	*Berliner Abgeordnetenhaus (3 P.)*
122	***2. Maßnahmenplan***	*Physiotherapiepraxis in Oldenburg (11 P.)*
127	***3. Protokollierung mit Notebook/Beamer***	*Vertrieb Möbelfirma Frankfurt/M.-Wien-Antwerpen (12 P.)*

Einführung

Während in der vierten Phase noch alle Lösungsideen unbewertet nebeneinander standen, lädt die Moderationsleitung in der fünften Phase zu einer verbindlichen Verhandlung über zukünftige Vereinbarungen und zu ihrer Verschriftlichung ein.

Dabei besteht die Rolle der moderierenden Person aus zwei Tätigkeiten:

a) **Unterstützung der Verhandlung von Lösungsideen:** Hierbei hört die Moderationsleitung aktiv zu, um für alle das Verständnis des jeweiligen Vorschlags sicherzustellen. Möglicherweise erstellt sie bei starker Beteiligung eine „Rednerliste" und vergibt das „Rederecht". Die Gruppe wertet den Pool von Vorschlägen und Ideen aus und entscheidet sich schließlich im Konsens zu konkreten und verbindlichen Maßnahmen, die sie schriftlich festhält.

b) **Verschriftlichung der vereinbarten Maßnahmen:** Im letzten Teil der Vermittlung hat die moderierende Person die Aufgabe, die Ergebnisse der Verhandlung über zu vereinbarende Maßnahmen auf einen Flipchartbogen, in einen Maßnahmenplan oder in ein PC-Dokument einzutragen, ohne die gefundenen Vereinbarungen selbst zu kommentieren. Sie achtet lediglich darauf, dass die Vereinbarungen nach bestimmten Kriterien (s.u.) formuliert sind, stellt also Klärungsfragen zur Unterstützung.

Praktische Methoden

1. Visualisierung der Vereinbarungen auf dem Flipchart

Kurzbeschreibung

Das Mediationsteam nimmt Vorschläge zu Vereinbarungen auf und schreibt diese in ganzen Sätzen direkt auf ein Flipchart. Es unterstützt die Teilnehmenden, diese Vereinbarungen so konkret wie möglich zu formulieren.

Die Visualisierung auf dem Flipchart ist sinnvoll bei folgenden Voraussetzungen

✓ Die Gruppe umfasst **maximal zehn Personen.**
✓ Die Gruppe hat **nicht mehr als ein bis zwei Themen** bearbeitet und Lösungsideen dazu entwickelt.
✓ **Die Lösungsvorschläge sind überschaubar** und nicht zu komplex, was handelnde Personen, Zeiten und Orte betrifft.

Die Struktur der Visualisierung

Durchführung

- Sie bitten die Teilnehmenden, Ihnen Formulierungen zu Vereinbarungen zuzurufen.
- Sie selbst erfragen konkrete Details zu handelnder Person, Zeit und Ort, wenn die Formulierungen noch recht allgemein sind. (Bsp.: bei der Formulierung *„bald"* fragen Sie: *„Wann genau schlagen Sie vor?"*)
- Sie orientieren sich beim Formulieren an den Kriterien einer Zielformulierung, bspw.:

> → Konkrete, handelnde Person benennen
> → Handlung aktiv ausdrücken (vermeiden: *„wird geschrieben"*, *„wird transparent gemacht"*)
> → Handlung in Gegenwart beschreiben (vermeiden: *„werde"*)
> → Positiv formulieren (Negationen vermeiden: *„kein"*, *„nicht"*)
> → Im Indikativ schreiben (vermeiden: *„würde"*, *„möchte"*, *„wäre"*)
> → Konkret Details angeben (Zeit, Ort, was genau, bis wann)
> → Realistische, erfüllbare Handlungen benennen (vermeiden: *„versucht"*, *„vielleicht"*, *„eventuell"*)

- Sie als mediierende Person verzichten auf persönliche Bewertung der Vereinbarungsinhalte.

- Sie fragen die Gesamtgruppe bei jedem Satz, ob alle mit der Formulierung einverstanden sind oder ob Teilnehmende noch Ergänzungen bzw. Änderungen vorschlagen.
- Wenn die Liste nach Meinung aller vollständig ist, bitten Sie die Einzelnen um ihre Unterschrift unter das Flipchartblatt und erfragen Sie, wie die Gruppe mit dem Dokument weiter verfahren möchte (Übertragung auf ein DIN A 4-Blatt, Abfotografieren o.Ä.).
- Zum Abschluss laden Sie die Gruppe zu einem „Blitzlicht" ein, in dem die Einzelnen ihre Stimmung und ihren Grad der Zufriedenheit mit dem Ergebnis ausdrücken können.

Techniken in der Methode

Visualisierung auf dem Flipchart, Zielformulierungen, Aktives Zuhören, Diskussionsmoderation

Chancen der Methode

Mit dieser schlichten Visualisierung tragen Sie zeitsparend Vereinbarungen für alle sichtbar zusammen. Sie können am Blatt selber korrigieren, da die wenigen Sätze nachher rasch ins Reine zu schreiben sind. Am Ende der Konfliktklärung können Sie das Flipchartblatt abreißen und es der Gruppe zur weiteren Bearbeitung in die Hand drücken.

Risiken der Methode und Tipps

Die Formulierungen werden so lang und kompliziert, dass ein Wechsel zum „Maßnahmenplan" notwendig ist. Durch Gegenvorschläge, Korrekturen und Ergänzungen – oft noch im Nachhinein – wird das Flipchart immer unleserlicher. Laden Sie zu einer kurzen Pause ein. Nehmen Sie sich die Zeit und schreiben das Bisherige ins Reine, damit alle Beteiligten am Ende noch einmal ohne Anstrengung lesen bzw. prüfen können, was sie gemeinsam als Vereinbarung vorschlagen.

Praxisbeispiel: Ein Abgeordneter und zwei Mitarbeiter des Bremer Senats (3 Personen)

Vorgeschichte:
Die Mediation wird zwischen einem Abgeordneten, Herrn Kuno Vogt, und seinen zwei Mitarbeitern durchgeführt. Der Abgeordnete arbeitet neben seinem Mandat oft ehrenamtlich für seine Partei und versteht sich als Ansprechpartner und Fürsprecher für die Basis. Seine hohen Ideale motivieren ihn, sich unermüdlich um soziale Belange der Bürger/innen in seinem Wahlkreis zu kümmern und viel private Zeit dabei zu investieren. Seine beiden Mitarbeiter, Frau Dorette Klausen und Herr Klaas Gärtner, sind studierte Politologen und teilen sich zusammen eine Vollzeitstelle.

In der Vergangenheit hat es wiederholt Frust bei den beiden Mitarbeitern gegeben. Frau Klausen: *„Wir arbeiten hier ja regelmäßig für den Papierkorb. Wenn wir eine kleine oder große Anfrage vorbereiten, bleibt die bei Herrn Vogt so lange liegen, bis sie nicht mehr aktuell ist. Überhaupt kann ich es ihm in letzter Zeit nie recht machen."* Dabei stellt sich heraus, dass der Abgeordnete Vogt sehr viele Termine außerhalb wahrnimmt und es ihm wichtiger erscheint, an einem Treffen mit Bürgerinnen und Bürgern zusätzlich teilzunehmen, anstatt im Büro zu sein. Deswegen gibt es auch wenig Gelegenheit, mit ihm ad hoc Absprachen zu treffen. Das wirkt sich auch auf die Erstellung der Redemanuskripte von Herrn Vogt aus. Manuskripte werden von ihm komplett umgeschrieben oder durch freie Rede ersetzt. Die Mitarbeiter sind sehr verunsichert. In den vorangegangenen Phasen der Mediation wurde dies aufgearbeitet. Bereits dort fällt eine Aussage von Herrn Gärtner, die in der Lösungsfindungsphase aufgegriffen wurde: *„Mir liegt viel daran, dass ich effektiv arbeite und meine Zeit sinnvoll verbringe. Ich wäre ja bereit, deine Meinung für meine Reden und Pressemitteilungen genau wiederzugeben, aber dafür müssten wir eine regelmäßige Besprechung haben, um deine exakte Position auch zu kennen."*

Anwendung der Methode „Visualisierung der Vereinbarungen auf dem Flipchart":
„Wie könnte ein solches Schlussprotokoll der Mediation lauten, in dem Sie sich auf regelmäßige Absprachen festlegen?" Herr Vogt beginnt: *„Wir treffen uns ungefähr einmal die Woche."* Ich konkretisiere: *„Sie möchten sich gemeinsam einmal die Woche zusammensetzen. Sie haben dabei ‚ungefähr' gesagt – was könnte Sie hindern, dass Sie sich exakt jede Woche treffen?" – „Nun ja, wenn z.B. Urlaub ist oder jemand auf einer Fortbildung."* Wie eine Hebamme unterstütze ich Herrn Vogt bei der „Geburt" seines Lösungsvorschlags. *„Wenn jemand von Ihnen im Urlaub oder auf einer Fortbildung ist, kann diese Person an einer Besprechung nicht teilnehmen. Möchten Sie, dass die Besprechung dann ohne diese Person trotzdem stattfindet?"* Herr Vogt: *„Das würde schon Sinn machen. Sonst entstehen möglicherweise auch wieder längere Pausen. Wenn wir ein kurzes Ergebnisprotokoll führen, dann wäre ja auch die fehlende Person informiert."*

Zu Frau Klausen und Herrn Gärtner gerichtet erfrage ich deren Meinung dazu: *„Okay, was denken Sie dazu?"* Frau Klausen nickt und ergänzt: *„Für mich ist das in Ordnung, ich würde den Montag gerne festlegen, da an diesem Tag wir beide, Herr Gärtner und ich, zwischen 13 und 15 Uhr da sind."* Herr Gärtner nickt zustimmend. Herr Vogt: *„Mit dem Montag wäre ich auch einverstanden. Dann legen wir am besten gleich um 13 Uhr los und arbeiten bis, sagen wir, maximal 14 Uhr?"* Die anderen nicken.

Ich trete ans Flipchart und schreibe: *„Herr Vogt, Frau Klausen und Herr Gärtner treffen sich montags von 13 bis max. 14 Uhr im Büro zu einer gemeinsamen Besprechung. Dort werden u.a. Eingaben, Pressemitteilungen und Reden besprochen. Ein Protokoll hält die Ergebnisse fest."* Nach jedem Satz habe ich mir mit einem Kopfnicken die Bestätigung für die Richtigkeit der Formulierung geholt. Abschließend frage ich: *„Sind Sie bereit, dieses Memorandum für sich verbindlich anzunehmen und dies durch Ihre Unterschrift zu dokumentieren?"* Alle drei unterschreiben reihum mit einem Filzstift direkt auf dem Flipchart. Bereits im Vorfeld war vereinbart worden, dass alle Flipchartbögen inklusive des Schlussprotokolls abfotografiert und für alle kopiert werden.

In einem Blitzlicht geben die drei Beteiligten ihre Zufriedenheit mit dem Ergebnis wieder. Auf einem Thermometer (-10 bis +10°) zeichnen sie ihre Stimmung in Bezug auf die Vereinbarung ein.

Überblick: „Visualisierung der Vereinbarungen auf dem Flipchart“	
Kurzbeschreibung	Das Mediationsteam nimmt Vorschläge zu Vereinbarungen auf und schreibt diese in ganzen Sätzen direkt auf ein Flipchart. Es unterstützt die Teilnehmenden, diese Vereinbarungen so konkret wie möglich zu formulieren.
Voraussetzungen	➜ Die Gruppe umfasst max. zehn Personen. ➜ Die Gruppe hat nicht mehr als ein bis zwei Themen bearbeitet und Lösungsideen dazu entwickelt. ➜ Die Lösungsvorschläge sind überschaubar und nicht zu komplex.
Chancen	✓ Sie tragen Vereinbarungen der Gruppe für alle sichtbar zusammen. ✓ Sie können am Blatt selber korrigieren. ✓ Am Ende der Konfliktklärung können Sie das Flipchartblatt abreißen und der Gruppe zur weiteren Bearbeitung in die Hand drücken.
Risiken	Die Formulierungen werden so lang und kompliziert, dass ein Wechsel zum „Maßnahmenplan“ notwendig ist. Durch Gegenvorschläge, Korrekturen und Ergänzungen – oft noch im Nachhinein – wird das Flipchart immer unleserlicher.

2. Maßnahmenplan

Kurzbeschreibung

Alle Vorschläge zu Vereinbarungen werden in einen Maßnahmenplan eingetragen, der in Tabellenform für jede Vereinbarung dieselben Kriterien vorsieht (z.B. Wer? Was? Bis wann? usw.).

Der Maßnahmenplan ist sinnvoll bei folgenden Voraussetzungen

- ✓ Die Gruppe hat **mehrere Themen bearbeitet** und möchte zu allen konkrete Vereinbarungen treffen.
- ✓ Die Lösung ein oder mehrerer Konfliktthemen benötigt das Zusammenspiel **einiger verschiedener Maßnahmen**.
- ✓ Die bisher erarbeiteten **Lösungsideen sind komplex**, was handelnde Personen, Zeiten und Orte betrifft.

Die Struktur des Maßnahmenplans

1. Vorbereitung
Sie zeichnen auf eine Pinnwand (ersatzweise Flipchart) eine Tabelle mit folgenden Einteilungen und Überschriften:

2. Maßnahmenplan

Maßnahmenplan				
Wer?	**Was?**	**Bis wann?**	**Bericht an**	**In Form von**

3. Durchführung

- *Variante I:* Sie bitten die Teilnehmenden, Ihnen jeweils einen Vorschlag zuzurufen und moderieren das Gespräch so lange, bis die Gruppe einen Konsens gefunden hat. Sie übertragen den jeweiligen Konsens auf die Pinnwandtabelle und fragen anschließend noch einmal nach Korrekturwünschen.
- *Variante II:* Sie bitten die Teilnehmenden, sich die Themen aufzuteilen und in Kleingruppen einen provisorischen Maßnahmenplan zu erarbeiten, der später im Plenum vorgestellt und bis zum Konsens diskutiert wird.

4. Abschluss

- Sie laden alle Teilnehmenden ein, den Maßnahmenplan mit einem dicken Stift zu unterschreiben, als Ausdruck für die Selbstverpflichtung, den Plan einzuhalten.
- Danach bitten Sie um eine Abschlussrunde, d.h. ein Statement jeder einzelnen Person, mit welcher Stimmung sie aus der Konfliktklärung herausgeht, welche Bedeutung das Verfahren für sie hat(te) u.Ä.

Techniken in der Methode

Visualisierung an der Pinnwand, Aktives Zuhören, Moderation der Diskussion

Chancen der Methode

Die Bedürfnisse nach Verbindlichkeit, Sicherheit und Unterstützung werden erfüllt: alle übernehmen Aufgaben; jede Person weiß, was wann von wem erledigt wird bzw. wann übrig gebliebene Themen bearbeitet werden. Ebenfalls haben alle Konsens und Wissen über neue Strukturen und Abläufe wie z.B. regelmäßige Treffen. Dies nährt die Bedürfnisse nach Weiterentwicklung und Effizienz.

Risiken der Methode und Tipps

Die Gefahr besteht darin, zu viele oder zu wenige Details in den Maßnahmenplan einzutragen. Erfahrungsgemäß steuert jedoch die Gruppe diese Balance selbst sehr gut, da sie die Bedeutung der einzelnen Maßnahmen in ihrem Alltag wesentlich besser kennt und einschätzen kann als das Mediationsteam. Eine weitere Gefahr liegt darin, dass das Mediationsteam sich zu sehr einmischt und bei Lösungsvorschlägen Skepsis oder Wohlwollen ausdrückt. Wenn Sie sich nur mit Mühe zurückhalten können, delegieren Sie die Moderation an eine Person aus der Gruppe. Damit werden auch die Selbstverantwortung der Gruppe und ihre eigenen Ressourcen unterstrichen.

Praxisbeispiel: Physiotherapiepraxis in Oldenburg (11 Personen)

Vorgeschichte:
Die Mediation findet in einer Physiotherapiepraxis mit insgesamt 11 Mitarbeiter/innen statt. Davon sind fünf und die Chefin (Frau Gundel Wagner) fest angestellt, die anderen Personen sind Honorarkräfte, die in der Regel eine Woche vorher erfahren, wann sie eingesetzt werden. – Innerhalb der Mediation wurden bisher verschiedene Themen folgendermaßen berichtet:

- → *Oft ist unklar, wer welchen Dienst übernimmt.*
- → *Die Honorarkräfte fühlen sich zu wenig berücksichtigt, die fest angestellten Mitarbeiter/innen überlastet.*
- → *Die Behandlungsräume werden nicht immer richtig aufgeräumt, keiner fühlt sich für das Waschen der Handtücher zuständig.*
- → *In der Praxis sind viele Kinder in Behandlung, häufig ist im Anschluss noch etwas mit einem Elternteil zu besprechen. Der Zeitplan von 30 Minuten/Patient kommt dabei häufig ins Stocken, verschiebt sich ständig nach hinten. Eltern und Patienten beschweren sich.*
- → *Leitungsproblem: Erwartungen an die Leiterin bzw. von ihrer Seite an die MitarbeiterInnen*
- → *Umgang mit Krankheit: Eine Physiotherapeutin wird zu Hause von Frau Wagner angerufen: „Kannst du dir vorstellen, morgen den Thomas zu behandeln?" Die Mitarbeiterin fühlt sich kontrolliert, wohingegen die Leiterin nur wissen wollte, wie es der Mitarbeiterin geht und wann sie wieder arbeiten kann.*
- → *Die Patientenkartei wird nicht lückenlos geführt. Im Krankheitsfall muss eine Vertretung etwas „erfinden", das angeblich im Therapieplan steht. Frau Malitz: „Das schaffen wir nicht auch noch in der kurzen Zeit. Wenn der nächste Patient schon unruhig im Wartezimmer sitzt und ich noch mit der Mutter von meinem gerade behandelten Patienten sprechen muss, dann reicht das einfach nicht. Und am Ende des Tages erinnere ich mich nicht mehr exakt, was ich mit wem wann gemacht habe."*
- → *Im Wartezimmer entsteht eine Lautstärke, die oft die Behandlung in den anderen Räumen stört. Ein Besprechungsraum steht nicht zur Verfügung.*

Schritt für Schritt wurden die einzelnen Phasen der Mediation durchlaufen. Aufgrund der Komplexität und der Abhängigkeit einiger Lösungsansätze voneinander schlage ich für die Lösungsvereinbarung vor, einen Maßnahmenplan zu erstellen.

Anwendung der Methode „Maßnahmenplan":
„Ich möchte anregen, dass Sie Formulierungen nennen und Sie alle Lösungen gemeinsam diskutieren, bis Sie einen Konsens erreicht haben. Anschließend wird meine Kollegin den Punkt in den Maßnahmenplan übertragen." An einem möglichen Lösungsansatz zeige ich als Beispiel die Formulierung einer Maßnahme. Im Folgenden entstand dann die unten abgebildete Matrix.

Frau Malitz sagt: *„Ich möchte gerne die Patientenkartei immer sofort ausfüllen, wenn mir pro Kind 45 Minuten für Behandlung und Nachbereitung zur Verfügung stehen."* Frau Wagner ergänzt: *„Ich habe mir auch schon überlegt, dass ich da beim Zeitraster etwas ändern muss. Das kann aber nur bei Kindern gelten, sonst kann ich mir das nicht leisten."*

Ich weise darauf hin, dass mit dem Vorschlag von Frau Malitz zwei Maßnahmen beschrieben werden: *„Sie benennen Ihre Bereitschaft, die Patientenkartei auszufüllen, und möchten dafür gerne 45 Minuten Zeit zur Verfügung haben. In diesem Punkt ist Ihre Chefin bereit, auf Sie einzugehen. Könnten Sie daraus bitte zwei getrennte Maßnahmen formulieren, die nicht miteinander gekoppelt sind?"* – *„Also, ich führe die Patientenkartei im Anschluss an die Behandlung. Und, das Zeitfenster für Kinder beträgt ab sofort 45 Minuten für Behandlung, Nachbereitung und Elterngespräche."* Herr Zweig ergänzt: *„Ich* *hätte gerne, dass in dieser Zeit neben der Patientenkartei auch der Raum wieder aufgeräumt wird. Ich möchte nicht erst die Geräte wieder an den Platz räumen oder das gebrauchte Handtuch wegräumen müssen, wenn ich den Raum betrete." – „Sind Sie damit einverstanden, Frau Malitz, wenn ich diesen Punkt dazu aufnehme?"* Frau Malitz nickt.

Ich erfrage abschließend das Einverständnis aller für diese erste Maßnahme ab: *„Sind Sie bereit, die erste vorgeschlagene Maßnahme, im Anschluss an eine Behandlung den Raum aufzuräumen und die Patientenkartei zu führen?"* Nachdem alle durch Nicken ihre Zustimmung geäußert haben, überträgt meine Kollegin die erste Maßnahme in die Tabelle auf dem Flipchart.

Wer	Was	Bis wann	Bericht an	In Form von
Alle	Im Anschluss an die Behandlung räume ich den Behandlungsraum auf und führe die Patientenkartei.	Sofort	–	–
Alle	Verlängerung der Behandlungszeit inkl. Nachbereitung bei Kindern auf 45 Minuten.	Sofort	–	–
Alle	Elterngespräche werden im Büroraum geführt.	Sofort	–	–
Chefin: Frau Wagner	Einkauf von rundem Tisch, fünf Stühlen für Besprechungen	Datum	Team	Mündlich in Teambesprechung
Chefin: Frau Wagner	Konzept für gerechte Auslastung der Honorarkräfte	Datum	Honorarkräfte	Besprechung am (Datum)
Chefin: Frau Wagner	Leitfaden zum Führen der Patientenkartei	Datum	Team	Mündlich in Teambesprechung
Honorarkräfte	Abgabe von Abwesenheiten/ Urlaub mindestens sechs Wochen vorher, Jahresurlaub bis 28.02. d.J. anmelden	Datum	Leiterin	Schriftlich (Formblatt)
Frau Jakob	Waschen und Trocknen der Handtücher täglich am Abend (Vertretung Frau Schmidt)	Sofort	–	–

Nachdem alle Maßnahmen erarbeitet wurden und die Mitarbeiter/innen ihre Zustimmung jeweils gegeben haben, lässt meine Kollegin einen kleinen Ball reihum durchgehen, verbunden mit der Bitte um eine kurze Antwort auf die Frage: *„Mit welcher Stimmung gehen Sie jetzt aus dieser Mediation?"*

Überblick: „Maßnahmenplan“	
Kurzbeschreibung	Alle Vorschläge zu Vereinbarungen werden in einen Maßnahmenplan eingetragen, der in Tabellenform für jede Vereinbarung dieselben Kriterien vorsieht.
Voraussetzungen	➔ Die Gruppe hat mehrere Themen bearbeitet und möchte zu allen konkrete Vereinbarungen treffen. ➔ Die Lösung ein oder mehrerer Konfliktthemen benötigt das Zusammenspiel einiger verschiedener Maßnahmen. ➔ Die bisher erarbeiteten Lösungsideen sind komplex, was handelnde Personen, Zeiten und Orte betrifft.
Chancen	✓ Die Bedürfnisse nach Verbindlichkeit, Sicherheit und Unterstützung werden erfüllt. ✓ Jede Person weiß, was wann von wem erledigt wird bzw. wann übrig gebliebene Themen bearbeitet werden. ✓ Konsens und Wissen aller über neue Strukturen und Abläufe.
Risiken	Es werden zu viele oder zu wenige Details in den Maßnahmenplan eingetragen. Das Mediationsteam mischt sich bei seinen Fomulierungshilfen zu sehr in die Lösungsvorschläge ein.

3. Protokollierung mit Notebook/Beamer

Kurzbeschreibung

Alle Vereinbarungen werden in ganzen Sätzen und/oder in Form eines Maßnahmenplans in ein Notebook geschrieben und über einen Beamer sichtbar für alle Anwesenden auf die Wand projiziert. Ebenfalls in Gegenwart aller wird das erstellte Dokument ausgedruckt und an die Anwesenden verteilt.

Die Protokollierung ist sinnvoll bei folgenden Voraussetzungen

✓ Die Vereinbarungen sind auch für Vorgesetzte, angrenzende Abteilungen oder andere Abwesende von Bedeutung und **ihnen transparent zu machen**.

✓ Die Teilnehmenden haben zahlreiche und **stark differenzierte Vereinbarungen** entwickelt (Nähe Organisationsentwicklung) und möchten sichern, dass die **Ergebnisse für alle jederzeit einsehbar und verbindlich sind**.

✓ Die Gruppe oder das Moderationsteam **verfügt über Notebook, Beamer und Drucker** vor Ort. Die elektronische Weitergabe ist in der Organisation der Gruppe notwendig und üblich.

✓ Das **Abschlussmemorandum soll für alle sofort im Ausdruck unterschrieben** erhältlich und handhabbar sein.

Die Struktur der Protokollierung

1. Vorbereitung
Sie installieren Notebook und Beamer.

2. Durchführung

→ *Variante 1:* Sie gehen vor wie beim „Maßnahmenplan“, d.h. visualisieren per Beamer für alle sichtbar die Eintragungen in den Plan.

→ *Variante 2:* Sie schreiben die erarbeiteten Vereinbarungen für alle per Beamer sichtbar in Prosaform in das Dokument.

3. Nacharbeit

→ Sie lesen das Gesamtdokument vor, beraumen eine Pausenzeit, fragen nach der Pause nach Korrekturwünschen und schließen das Dokument dann ab.

→ Danach drucken Sie das Dokument aus und lassen es von allen noch einmal durchlesen und schließlich unterschreiben.

→ Danach vervielfältigen Sie das Dokument und verteilen es.

➜ Sie leiten eine Abschlussrunde ein, in der jede teilnehmende Person ihren Eindruck und ihre Stimmung zum Abschluss des Verfahrens zum Ausdruck bringen kann.

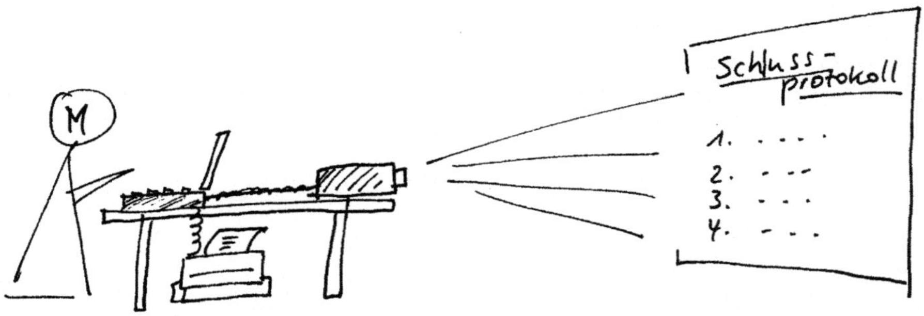

Abb. 29

Techniken in der Methode

Visualisieren per Notebook und Beamer; Maßnahmenplan, Diskussionsmoderation und Aktives Zuhören, Abschlussrunde.

Chancen der Methode

Diese Art der Dokumentation verhilft allen, ein Memorandum zu sichern, das transparent und sofort einsetzbar ist. Diese Effizienz motiviert, die Vereinbarungen ernst zu nehmen und verbindlich umzusetzen.

Risiken der Methode und Tipps

Wenn Sie allein moderieren, können die Vielfalt und Gleichzeitigkeit der technischen und moderativen Aufgaben Sie überfordern oder zu Hektik verleiten. In diesem Fall bitten Sie gleich zu Beginn eine teilnehmende Person, das Notebook zu bedienen, während Sie den Diskussionsprozess moderieren.

Praxisbeispiel: Vertrieb Möbelherstellungsfirma Frankfurt/M.-Wien-Antwerpen (12 Personen)

Vorgeschichte:
Die Mediation findet zwischen den Vertriebsmitarbeitern einer Firma in der Möbelproduktion mit Hauptsitz in Frankfurt/Main statt. Zusätzlich gibt es Vertriebsbüros mit jeweils mehreren Mitarbeitern in Wien und Antwerpen. Die Sprache ist deutsch, da auch ansonsten alle Besprechungen zwischen den Beteiligten auf Deutsch stattfinden. Gemeinsame Meetings gibt es zweimal im Jahr, einmal im Monat eine Telefonkonferenz.

Zwischen den Mitarbeitern hat es wiederholt Missverständnisse durch E-Mail-Korrespondenz gegeben, die Folge waren Kränkungen, die dazu geführt haben, dass Mails nicht mehr beantwortet oder mit Kommentaren versehen an andere Kollegen weitergeleitet wurden. Ferner gibt es – wie sie sagen – *„Kulturunterschiede“* zwischen den einzelnen Standorten, die die Zusammenarbeit zusätzlich erschweren. So fühlt sich die Zentrale in Frankfurt von den Kollegen in den Niederlanden nicht ernst genommen. Herr Grooten erwidert darauf: *„Ihr in Frankfurt wisst ja auch nicht, wie es bei uns läuft. Bei uns sind die Strukturen eben anders. Wir wollen im Übrigen auch nicht an eurem Rockzipfel hängen.“*

Die Mitarbeiter des Wiener Vertriebsbüros sind entnervt, weil sie sofort ermahnt werden, wenn einer ihrer Kunden nicht innerhalb des Zahlungsziels seine Rechnung bezahlt. Herr Widmann betont dabei, dass an seinem Standort ein in Ruhe geführtes persönliches Gespräch mit dem Kunden wichtig sei.

Anwendung der Methode „Protokollierung mit Notebook/Beamer“:
In der Pause haben mein Co-Mediator und ich das Notebook und den Beamer aufgebaut. Das Software-Programm ist gestartet. Ich bitte die Teilnehmer, Vereinbarungsvorschläge zu formulieren. Herr Karlo (Frankfurt/M.) unterbricht mich: *„Ich erkläre mich bereit, die Vereinbarung aufzuschreiben und anschließend an alle zu mailen. Ich denke, wir könnten hier enorm Zeit sparen, wenn wir uns hier nicht mit der Technik aufhalten würden.“* Mein Kollege entgegnet darauf: *„Vielen Dank für Ihr Angebot. Ihre Unterstützung ist für uns sehr wertvoll. Gleichzeitig möchten wir gerne die Ergebnisse schon heute von Ihnen allen unterschreiben lassen, da manche ab morgen bereits wieder in Wien und Antwerpen sind.“*

Herr Meijers beginnt: *„Ich schlage vor, dass wir uns vierteljährlich zu einem Meeting treffen. Die Zeitabstände sind sonst zu kurz.“* Ich konkretisiere: *„Sie möchten sich gerne öfter, d.h. vierteljährlich für Absprachen sehen, um Missverständnisse zu vermeiden?“* Herr Meijers: *„Genau. Und am liebsten hätte ich, dass die Kollegen auch mal nach Antwerpen kommen. Die Meetings könnten doch rollierend bei jedem mal stattfinden.“* Wieder höre ich aktiv zu: *„Sie hätten gerne, dass die Meetings reihum in Frankfurt, Antwerpen und Wien durchgeführt werden.“* Herr Meijers: *„Dann wüssten die anderen auch besser Bescheid über uns. Und abends zeigen wir euch noch die Stadt.“* – *„Das Meeting bei Ihnen vor Ort bietet die Gelegenheit, Ihren Arbeitsplatz kennen zu lernen und abends hätten Sie Zeit, bei einem Bummel durch die Stadt sich noch persönlich auszutauschen.“* – *„Exakt.“*

Ich frage die anderen Teilnehmer: *„Wie sehen Sie das, sind Sie damit einverstanden?“* Die meisten Teilnehmer nicken, doch Herr Zweistein möchte noch eine Ergänzung: *„Tut mir einen Gefallen. Wenn wir eine Jahresplanung hätten, die bereits im Januar bekannt gegeben wird, könnte ich viel besser planen. Mir ist das teilweise einfach zu kurzfristig.“* Mehrere Kollegen (übrigens von unterschiedlichen Standorten) nicken zustimmend. Ich frage noch mal, gerichtet an alle: *„Möchten Sie die frühzeitige Planung der Meetings, wie sie Herr Zweistein anregt, mit aufnehmen?“*

Mein Kollege sitzt vor dem Laptop: *„Darf ich dann als erste Regelung aufschreiben: ‚Meetings finden ab sofort viermal jährlich mit allen Vertriebsbüros statt. Sie werden rollierend je in einer anderen Stadt abgehalten. Eine Terminübersicht wird im Januar des Jahres erstellt und an alle verschickt.' Sind Sie damit einverstanden?"* Nachdem wieder alle ihre Zustimmung kundgetan haben, fragt er: *„Wer übernimmt die Erstellung der Terminübersicht?"*

Es folgen noch weitere Vereinbarungen, die die Kommunikation im Detail regeln.

Anschließend lese ich das Dokument noch einmal laut vor und beraume eine Pause ein: *„In der Kaffeepause haben Sie Zeit, sich noch mal alle Vereinbarungen durch den Kopf gehen zu lassen. Können Sie allem zustimmen? Fehlt etwas? Wünschen Sie noch eine Nachbesserung? In 15 Minuten treffen wir uns wieder hier im Raum. Nachdem wir Ihre Rückmeldung eingearbeitet haben, werden wir das Dokument abschließen."* Alle Teilnehmer gehen miteinander diskutierend in die Pause.

An Kaffeetischen vor dem Seminarraum gibt es intensive Diskussionsrunden. Nach der Pause hat Herr Grooten noch einen Ergänzungsvorschlag: *„Ich finde es sinnvoll, wenn wir im nächsten Meeting noch mal gemeinsam überprüfen, ob wir alles umgesetzt haben oder ob sich eine Vereinbarung als unbrauchbar erwiesen hat. Was denkt ihr?"* Die Kollegen sagen *„Ja"* und *„OK"* oder nicken einfach.

Mein Kollege schließt das Dokument ab: *„Wenn Sie nichts mehr hinzuzufügen haben oder verändern möchten, drucke ich das Memorandum aus. Bitte unterschreiben Sie darunter alle. Anschließend bekommt jeder von Ihnen eine Kopie dieser Abmachung."*

Nachdem alle anwesenden Personen unterschrieben haben und das Original zum Kopieren ins Sekretariat gebracht wurde, gibt es eine kurze Abschlussrunde, in der jeder noch einmal seinen Eindruck über den Verlauf der Mediation und das Ergebnis in einem Satz äußern kann. Danach ist die Mediation beendet.

Überblick: „Protokollierung mit Notebook/Beamer"	
Kurzbeschreibung	Alle Vereinbarungen werden in ganzen Sätzen und/oder in Form eines Maßnahmenplans in ein Notebook geschrieben, sichtbar für alle Anwesenden auf die Wand projiziert und danach ausgedruckt.
Voraussetzungen	➜ Die Teilnehmenden möchten über einen Ausdruck für alle die verbindliche Einhaltung der Vereinbarungen sichern. ➜ Die Vereinbarungen sind auch Vorgesetzten, angrenzenden Abteilungen oder anderen Abwesenden transparent zu machen. ➜ Die Anwesenden verfügen vor Ort über Notebook, Beamer und Drucker.
Chancen	✓ Sicherung eines Memorandums, das transparent, lesbar und sofort einsetzbar ist. ✓ Motivierung, die Vereinbarungen ernst zu nehmen und verbindlich umzusetzen.
Risiken	Wenn Sie allein moderieren, können die Gleichzeitigkeit der technischen und moderativen Aufgaben Sie überfordern oder zu Hektik verleiten.

Die Beschreibung eines Praxisfalls „Mehrparteienmediation" durch alle fünf Phasen

Kindertagesstättenteam in Koblenz

Einführung

Der folgende Praxisfall – ein Echtfall – zeigt deutlich die Realität der Mediationsverfahren: Bei aller Vorbereitung eines Ablaufs und der sorgsamen Planung der Methodik gibt es immer unvorgesehene Wendungen, die uns einladen, in den Mediationsphasen vor- und zurückzuspringen bzw. unmittelbar die Methode zu wechseln. Das macht bei aller Anstrengung auch die Freude und den Genuss an der spannenden Praxis aus. Kein Fall ist wie der andere. Die Lebendigkeit der Menschen und der Gruppendynamik schaffen immer andere Verläufe und Überraschungen.

Das KITA-Team

Meine Co-Mediatorin und ich empfangen den Abteilungsleiter, seine Stellvertreterin und zwei weitere delegierte Mitarbeiterinnen einer Kindertagesstätte der öffentlichen Verwaltung zu einem Vorgespräch. Sie schildern die lange Zeitdauer ihrer Konflikte (seit den 70er Jahren) und deren Komplexität. Sie haben eigentlich keine Hoffnung, dass eine weitere Begleitung *„etwas bringt"*. Die letzte Fortbildung hat die Konflikte eher verschärft. Viele Vorwürfe kamen auf den Tisch, die Diskussionen eskalierten. Die Fortbildung wurde abgebrochen. Vor einer weiteren Erfahrung dieser Art und neuen Verletzungen haben alle Angst.

Da aber noch Fortbildungsgelder verfügbar sind und eine Tradition besteht, gemeinsam eine jährliche Fortbildung zu machen, hat das Team sich für eine Mediation entschieden. Unsere Handlungsebene ist hier: Einfühlung geben, schon hier einen geschützten Raum schaffen zum Darstellen der Verletzungen und Befürchtungen.

Wie kommt es zur Anfrage nach Mediation?

Einsparungen in der öffentlichen Verwaltung zwingen die Koblenzer KITA zu einer drastischen Reduzierung des Personals. Es handelt sich um 20 Mitarbeiter und Mitarbeiterinnen – ca. 50 Prozent der Belegschaft arbeitet bereits seit den 70er Jahren in der Kindertagesstätte. Jetzt kommt hinzu, dass der Tagesstätte eine der vier Etagen gekürzt wurde. In der aufkommenden pessimistischen Stimmung des letzten Jahres haben sich einige Mitarbeiter und Mitarbeiterinnen wegbeworben; diese und andere Stellen wurden nicht wiederbesetzt. Jede Etage war bisher von je zwei festen Teams betreut worden. Alle verbleibenden Gesamtteammitglieder sollen sich nun auf weniger Teams neu verteilen. In diesem Moment brechen alte eingefrorene Konflikte auf. Eine große Angst vor einer extremen Verschlechterung des Klimas ist ausgebrochen. Der Leiter zeigte sich motiviert, die Konflikte zu bearbeiten, statt ihnen aus dem Weg zu gehen.

Nach der Schilderung der Ereignisse, immer wieder unterbrochen durch unser Zusammenfassen des Gehörten, beobachten wir eine Entspannung im Raum. Die Beteiligten lösen sich aus dem hektischen Berichten und schauen sich gegenseitig an: Eine gemeinsame Entscheidungsfindung steht an und bedarf jetzt der Klärung von Rahmenbedingungen. Das Bedürfnis nach Sicherheit ist sehr stark. Für die Anwesenden ist nun die Rolle und Aufgabe des Mediationsteams im Vordergrund: Welchen Rahmen schaffen wir? Wie gehen wir vor? Welche Teilschritte empfehlen wir? Welche Regeln gelten bei der Mediation?

Zunächst stellen wir die einzelnen Phasen des Mediationsverfahrens vor. Wir erklären, dass wir bei einem 20-köpfigen Team neben den verbalen Elementen der Gesprächsführung noch Elemente der Moderation hinzufügen: z.B. Kartenabfragen, Kleingruppenarbeit etc., um die Erfahrungen, Sichtweisen und Ideen aller Beteiligten, auch der Stilleren, einzubeziehen. Die im Vorgespräch anwesenden Teammitglieder einschließlich Chef stimmen unseren Vorschlägen zu. Sie kommentieren, dass ihnen eine klare Struktur Sicherheit vermittelt. Sie verabschieden sich mit einem schriftlichen Vertrag über eine Mediation an vier aufeinander folgenden Tagen, vereinbarten Terminen, Honorarfestlegung und vor allem neuer Zuversicht und Neugier.

Das Verfahren selber: die wesentlichen Schritte der Konfliktvermittlung

1. Den sicheren Rahmen schaffen

Nach einer Vorstellungsrunde zu Beginn des ersten Tages stellen wir das Mediationsverfahren in Grundzügen vor und sammeln Vorschläge für unsere Gesprächsvereinbarungen. Hier strukturieren wir das Gespräch stark, fassen zusammen, ergänzen aus unseren Erfahrungen mit Gesprächsregeln.

Vereinbarungen:

✓ Ich wahre Vertraulichkeit, d.h. alle persönlichen Aussagen bleiben im Raum.
✓ Ich lasse die anderen Personen ausreden.
✓ Ich spreche aus der subjektiven Perspektive, d.h. in „Ich-Formulierungen".
✓ Ich bin 100 Prozent verantwortlich für mich selbst, d.h. ich melde meine Bedürfnisse und Störungen an.
✓ Ich halte unsere gemeinsam getroffenen Vereinbarungen über Uhrzeiten, Aufgaben usw. ein.

Als die Liste vollständig scheint, erbitten wir von jeder/m der 20 Teilnehmenden einen Satz der Zustimmung: „Ja, ich halte die Vereinbarungen ein." Dieses Ritual mag eigenartig klingen, hat jedoch als individuelle Absichtserklärung hohen Wert für die Gruppe und ihr gemeinsames Vertrauen in den Prozess.

2. Erhebung der Konflikte

Zu Beginn der zweiten Mediationsphase notieren die Teilnehmenden in von uns gemischten Kleingruppen ihre Erwartungen an die Mediation und ihre brennendsten Konfliktthemen. Danach stellt jede Gruppe gemeinsam ihr Plakat im Plenum vor. Wir sammeln die Konfliktthemen währenddessen in einen Themenspeicher am Flipchart (s. *„Themensammlung und Priorisierung"* Seite 63).

Wir lassen dem Team Zeit zum Betrachten der gemeinsamen Sammlung. Dann bitten wir das Team, die Themen nach Wichtigkeit zu punkten. Jede Person erhält drei Klebepunkte und kann diese Punkte nach Wahl an ein Thema oder verteilt auf drei Themen kleben. Nach dem Zählen der Punkte ist klar: Es gibt zwei Hauptanliegen: einmal einen konkreten Konflikt und zum zweiten den Bedarf nach Handwerkszeug für eine gemeinsame konstruktive Streitkultur.

Unser Vorschlag zum Verfahren:

1. Den sicheren Rahmen schaffen
2. Erhebung der Konflikte
3. Konfliktbearbeitung – mit Einführung und Übung eines konstruktiven Handwerkszeuges
4. Lösungssuche
5. Strukturentwicklung und Maßnahmensicherung

Das Team nimmt diesen Verfahrensvorschlag an.

3. Konfliktbearbeitung – mit Einführung und Übung eines konstruktiven Handwerkszeuges

Wir leiten die Konflikterhellung mit einem kleinen Theorieimpuls ein, um dem Wunsch nach neuen Impulsen zu einer konstruktiven Streitkultur Rechnung zu tragen:

Wir gehen davon aus, dass hinter harten Positionen, Ärger und Vorwürfen Bedürfnisse stehen, die zurzeit nicht erfüllt sind, z.B. ein Mangel an Anerkennung, Sicherheit, Raum, Zugehörigkeit usw. Die Erfahrung zeigt, dass der Schmerz am empfundenen Mangel wenig zugelassen und ausgedrückt wird. Meist schützen wir uns durch Bewertungen, Gedanken, Analysen und Vorwürfe. Eigenartigerweise nährt aber dieser urteilende Umgang mit Mangel den Ärger: Symptome wie z.B. Schlaflosigkeit, Magenschmerzen und innere Kündigungen verstärken sich.

Wenn wir lernen, unsere eigenen Bedürfnisse hinter dem Anlasskonflikt wahrzunehmen, zu benennen und dabei den ursprünglichen Vorwurf in eine Bitte um Unterstützung bei der Erfüllung unseres Bedürfnisses umzuwandeln – dann ist viel gewonnen. Noch erfolgversprechender ist die Verständigung, wenn wir zusätzlich in der Lage sind, unser Gegenüber nach dessen Beobachtung, Gefühl und Bedürfnis zu fragen und dabei wirklich zuzuhören.

Nach dem Theorieimpuls erfolgt die zentrale Einzelarbeit: Jede Person notiert ihr persönlich drängendstes (Konflikt-)Anliegen im Team. Zur Unterstützung teilen wir ein Formblatt aus (s. *„Einzelarbeit mit den vier Schritten der Gewaltfreien Kommunikation“*, s. S. 75), in das die Teilnehmenden ihre Anliegen in den vier Schritten: Beobachtung, Gefühl, Bedürfnis und Bitten eintragen können. Ein gegenseitiges Aktives Zuhören in Zweiergruppen rundet diese Vorbereitung auf die folgende Konfliktaussprache ab.

Erst einmal ist eine Pause angesagt und nötig. Die Beteiligten sind aufgewühlt, erschöpft und nachdenklich. Die Tagesauswertung ergibt, dass die Teilnehmenden unerwartet Hoffnung geschöpft haben. Sie sind zuversichtlicher, fühlen sich sicher, aber auch aufgeregt vor dem, was folgt. Je klarer die Beteiligten ihre Gefühle und Bedürfnisse herausarbeiten und diese selbst aufwerten, desto eher sind sie bereit, die Gefühle und Bedürfnisse des Gegenübers anzuhören und zu würdigen. Die Beteiligten entspannen, wenn sie wissen: „Verstehen“ heißt nicht „einverstanden sein“.

Den zweiten Tag beginnen wir mit einer Runde und der Einstiegsfrage: *„Wie geht es Ihnen nach dem gestrigen Tag?“* Viele äußern eine gute Stimmung und erhöhte Hoffnung auf ein Gelingen der Mediation. Plötzlich bricht ein Teilnehmer (Herr F.) mit heftigen Vorwürfen gegen das restliche Gesamtteam heraus – ein Außenseiterkonflikt stellt sich heraus, der auch im Alltag viel Spannung hervorruft.

Wir lassen Herrn F. ausführlich den Konflikt aus seiner Sicht darstellen. Andere ereifern sich, möchten Gegendarstellungen loswerden, fühlen sich verletzt. Wir moderieren die Wortmeldungen. Zwischendurch fragen wir Herrn F., ob er noch Wortmeldungen aufnehmen kann. Er ist den Tränen nahe; wir unterbrechen die Aussprache. Dies hat zur Folge, dass sich die Konfliktenergie gegen uns richtet. Wir machen daher zwei Dinge deutlich: zum einen, dass wir aus der Vehemenz des Protestes entnehmen, dass noch viel Schmerz im Raum ist und wir für dessen Würdigung bzw. Bearbeitung Raum schaffen werden. Zum anderen, dass wir uns verantwortlich fühlen für die Aufrechterhaltung des sicheren Rahmens für jede anwesende Person, auch für Herrn F., und unter dieser Voraussetzung arbeiten. Die Gruppe ist bereit, sich auf einen neuen Bearbeitungsvorschlag einzulassen.

An diesem Punkt des Prozesses laden wir zu einer Bearbeitungsmethode ein, die wir *Außenseiter-Ritual* (s. Seite 91) nennen: Alle Beteiligten sitzen im Kreis – Herr F. steht hinter den Stühlen: Eine Person im Kreis fühlt sich in Herrn F. ein und sagt in Ich-Form z.B.: *„Ich fühle mich vom Rest der Gruppe im Stich gelassen. Ich muss die ganze Arbeit allein machen, inkl. Überstunden."* Herr F. stellt sich entsprechend der Richtigkeit des Gefühls/der Aussage nah oder fern zur Rückenlehne des Sprechers. Auf diese Art kehrt Ruhe und Nachdenklichkeit ein, und es stellt sich eine Teilnehmende heraus (Frau A.), die mit ihren Sätzen jedes Mal einen Volltreffer landet, also sich zutreffend einfühlt.

Wir fragen Frau A., ob sie bereit ist, stellvertretend für das Restteam als Streitpartei an einer Konfliktvermittlung mit Herrn F. teilzunehmen. Sie und Herr F. stimmen ihrem Part in der Teilmediation zu. Also vermitteln wir durch alle fünf Phasen ca. 20 Minuten vor der Gruppe zwischen Frau A. und Herrn F. Diese finden tragfähige Vereinbarungen. Danach laden wir alle zu einem Satz über ihre momentane Stimmung oder einer neuen Erkenntnis ein.

Es hat sich für alle ein Thema herauskristallisiert, das offensichtlich als unangenehmes Teamtabu an Herrn F. „geklebt" hatte: der Umgang mit Verantwortung und Zeit. Nun öffnen sich das Themenfeld und die Gruppe: Dadurch, dass es möglich war, dieses Thema zu berühren, können jetzt viele Unzufriedenheiten aufgrund von Unklarheiten ausgesprochen werden: z.B. Mangel an Zeitstruktur, fehlende Rollenklärung, Unklarheit bei den Arbeitsaufträgen, Kritik an der Gesamtleitung. Einer von mehreren Wendepunkten im Verfahren ist erreicht.

4. Sammlung von Lösungsideen

Zu Beginn des dritten Tages äußern viele ihre Erleichterung. Einige möchten aber doch noch zu Herrn F. Stellung nehmen. Sie hörten sich am Vortag persönlich genannt und sitzen auf einem Restgroll. Die Gruppe droht jetzt in eine atemlose und destruktive Diskussion zu eskalieren: Manche verteidigen Herrn F., andere äußern Vorwürfe und Forderungen. Hier unterbrechen wir klar und bestimmt. Wir fassen die Anliegen zusammen und geben den Einzelnen Einfühlung in ihre Bedürfnisse, bis sie sich gehört und ernst genommen fühlen.

Danach bitten wir die Teilnehmenden, in kleine Gruppen zu gehen und im Gespräch zu klären und auf papierne *Kuchenstücke* (s. S. 104) zu schreiben:

A) Was stört mich, weil welche meiner Bedürfnisse unerfüllt sind?

B) Was kann ich selber dazu beitragen, meine Bedürfnisse zu erfüllen? Und worum könnte ich bitten?

Die Zusammenstellung der Kuchenstücke im Plenum zu einem großen gemeinsamen Kuchen auf dem Boden zeigt einen weiteren Wendepunkt, in dem die Teilnehmenden erstaunliche Erkenntnisse über sich selbst und ihre Möglichkeiten gewinnen: Man kann für sich selbst und für die Erfüllung der eigenen Bedürfnisse Verantwortung ergreifen, statt andere, wie Herrn F., für eigene Gefühle verantwortlich zu machen.

Herr F. bittet mich zeitgleich um ein *Einzelgespräch* (s. S. 68). Er lässt mich darin kaum zu Wort kommen, stark motiviert entwirft er eigene Ideen. Ich bin verblüfft, wie klar er nun seinen eigenen Anteil am Konflikt sieht, z.B. seine momentane Belastung zu Hause, seine seit Monaten labile Verfassung. Er beschließt, sich externe Beratung zu holen. Im Plenum macht er einige seiner Gedanken der Gruppe transparent. Vom Gesamtteam wird Erleichterung geäußert. Auch Herr F. hat davon Abstand genommen, das Restteam für seine Gefühle verantwortlich zu erklären. Ich habe den Eindruck, der Raum wird optisch größer. Ein „Nadelöhr" der Verständigung ist durchschritten.

Zum Ende des Tages holen die Teilnehmenden ihre Zettel mit ihren persönlichen Konfliktanliegen hervor und beschäftigen sich in einer kurzen Einzelarbeit mit der Frage, ob sie diese Konflikte mittels Mediation hier klären möchten oder ob sie sich eine Klärung ohne mediierenden Dritten und außerhalb der Tagungszeit zutrauen. Ergebnis ist, dass noch zwei weitere Teilmediationen gewünscht werden; eine wird in Anwesenheit der Gruppe, eine im Vierer-Team mit mir durchgeführt. Dadurch, dass wir im Mediationsteam zu zweit arbeiten, ist ein flexibles Aufteilen jederzeit möglich.

Die Tagesauswertung fällt positiv aus. Viele fühlen sich von alten Lasten befreit. Einige drücken Herrn F. ihre Wertschätzung für seinen Mut zum Konflikt und seine Offenheit aus. Auch er wirkt befreit. Am letzten Tag steht die „Etagenfrage" an und die inhaltliche Klärung von Aufgaben und Rollen.

Am folgenden Morgen bitten wir die Teams, sich als ehemalige Teilteams im Raum aufzustellen. Auf vorbereiteten Riesenplakaten, welche die Etagen der Kindertagesstätte darstellen, zeigen sie die alte Gesamtstruktur.

Wir schicken die „alten" Teams in eine Gruppenarbeit. Denn jeder gelungene Neubeginn in Teams und Organisationen setzt eine Verabschiedung des Vergangenen voraus. Ein Abschied gelingt, wenn beides – Bedauern über den Abschied und Wertschätzung für das gemeinsam Erlebte und Geleistete – ihren Ausdruck finden. Da dies in unserem Kulturkreis eher wenig gelebt wird, schaffen wir als Mediatorinnen bewusst den Rahmen, um diesen Abschied als Voraussetzung für eine neue Teamentwicklung zu ermöglichen. Die Teilnehmenden sind eingeladen, sich A) gegenseitig zu erzählen, was sie an der Zusammenarbeit geschätzt haben, was ihnen gefallen hat, auch mit persönlichem Feedback verbunden, B) eine Idee zur Feier und Würdigung des Vergangenen zu entwickeln – sei es eine Verabredung zum Essen oder eine kleine

Abschiedsfeier auf der „alten Etageneinheit". Der Gesamtleiter notiert in paralleler Einzelarbeit seine Würdigung der einzelnen alten Teilteams für eine spätere Gelegenheit der Klausurtagung.

5. Strukturentwicklung und Maßnahmensicherung

Nun geht es an die Zukunft. Im Plenum nehmen wir ein Plakat vom Boden weg, gemäß der reduzierten Etagenzahl. Wir erstellen farbige Symbole für Arbeitsziele/Aufgaben und Zielgruppen, Teambesprechungen, Funktionen usw. (Strukturelemente). Alle Teilnehmenden verteilen sich auf die neuen Etagen: Sie stellen sich gemäß ihren Bedürfnissen, wo jede/r gerade steht oder stehen will, auf die Plakate. Durch Erfragen der Bedürfnisse, Vermitteln und Verhandeln haben bald alle ihren Platz gefunden. Für viele ist verblüffend, dass dieser Akt, vor dem fast alle Angst hatten, in 20 Minuten zu schaffen war. Wenn die Beziehungsebene geklärt und eine Atmosphäre der Respektierung aller Bedürfnisse erreicht ist, braucht die Klärung der Sachaspekte erfahrungsgemäß vergleichsweise kurze Zeit.

Wir laden die neuen Teams zu einer neuen Gruppenarbeit ein. Wir bitten sie: A) Erwartungen an das neue Team zu klären, B) genau zu definieren, was sie brauchen, um dort mit gutem Gefühl arbeiten zu können, C) Vereinbarungen zu treffen, auch darüber, was sie an Klärungsbedarf ins Gesamtteam einbringen.

Im anschließenden Plenum ist die Stimmung energiegeladen und zuversichtlich. Hier verhandelt die Gesamtgruppe Restthemen – beispielsweise richtet sich eine neue Erwartung an den Leiter: Die Teilnehmenden bitten ihn, klare Sprechstunden einzurichten. Auch andere Vereinbarungen werden getroffen und protokolliert. Die Gruppe beschließt zusätzlich, den nächsten Teamtag als Teamfeier zu gestalten.

Nach der kraftvollen Vorstellung der wichtigsten Ziele und Vereinbarungen im Plenum bleibt noch eine Stunde. Die ersten 20 Minuten füllt der Leiter, der sich bisher als *„Gleicher unter Gleichen"* verstand und durch Feedback erfahren hat, dass dies den Bedürfnissen des Teams nach Klarheit und Unterstützung nicht gerecht wird. Er füllt nun seine Leitungsfunktion eindeutiger aus und beginnt damit, in einer kleinen Rede zu beschreiben, wie er die Arbeit der „alten" Teams erlebt hat, und ihnen als einzelne Teams seine echte Wertschätzung auszudrücken. Obwohl alle Beteiligten erschöpft und unruhig waren, könnte man jetzt eine Stecknadel fallen hören. Nach seiner Rede danken ihm einige spontan und äußern ihre Berührtheit und das erfüllte Bedürfnis nach Anerkennung (*„Wir wussten gar nicht, dass Sie uns so genau wahrgenommen haben und unsere Arbeit schätzen ..."*).

Es folgt die Gesamtauswertung, sowohl mündlich als auch anhand eines Fragebogens.

Resultate der Gesamtmediation

a) Das Team hat eine **gemeinsame Sprache** gefunden, mit der es potenziell Konflikte lösen kann („Die unangenehmen Gefühle würdigen und ernst nehmen; die unerfüllten Bedürfnisse dahinter herausarbeiten; konkret erfüllbare Bitten aneinander richten; sich selbst ausdrücken und der anderen Person zuhören").
b) Es hat eine **gemeinsame Grunderfahrung von Konfliktlösung** gegeben.
c) Persönlich hat jedes Teammitglied an Erkenntnis darüber gewonnen, was es zum Arbeiten braucht (Bedürfnisebene) und **wie es vom Opfergefühl in die Selbstverantwortung** gelangt.
d) **Strukturell wurden eine Reihe von Entscheidungen** gefällt: Zusammensetzung der Teams, lokale Zuordnung, Kommunikationsstränge, interne Teilteam-Vereinbarungen.
e) Auf der Ebene von Rang/Hierarchie wurde **mehr Klarheit hinsichtlich der Aufgaben des Leiters** geschaffen.

Diesen Ausgang der Mediation ermöglichte das Arbeiten auf mehreren methodischen Ebenen, das flexible Wechseln zwischen Sach- und Beziehungsebene und die Tatsache, dass sich die Teilnehmenden auf die „Bedürfnissprache" einließen und mit ihr arbeiteten. Das Feedback war überwältigend: Die Teilnehmenden äußerten große Erleichterung samt dem guten Gefühl, Handwerkszeug für zukünftige Zusammenarbeit und Konflikte zu haben.

Literatur

Mediation:

Altmann, G., Fiebiger, H. & Müller, R.: *Mediation – Konfliktmanagement für moderne Unternehmen.* Weinheim: Beltz 2000

Baruch Bush, R.A. & Folger, J.P.: *The Promise of Mediation.* San Francisco: Jossey-Bass Publishers 1994

Besemer, C.: *Mediation – Vermittlung in Konflikten.* Baden: Werkstatt für gewaltfreie Aktion 1993

Besemer, C.: *Mediation in der Praxis.* Baden: Werkstatt für gewaltfreie Aktion 1996

Budde, A.: *Mediation und Arbeitsrecht – Rahmenbedingungen für die Implementierung von Mediation im Betrieb.* Berlin: Ulrich Leutner Verlag 2003

Dulabaum, N.: *Mediation: Das ABC – Die Kunst, in Konflikten erfolgreich zu vermitteln.* Weinheim: Beltz 1998

Faller, K., Kerntke, W. & Wackmann, M.: *Konflikte selber lösen – Mediation für Schule und Jugendarbeit.* Mülheim: Verlag an der Ruhr 1996

Fietkau, H.-J. & Weidner, H.: *Umweltverhandeln – Konzepte, Praxis und Analysen alternativer Konfliktregelungsverfahren.* Wissenschaftszentrum Berlin für Sozialforschung (Hg.). Berlin: Edition Sigma, Rainer Bohn Verlage 1998

Funk, T. & Malarski, R.: *Mediation im Ausbildungsalltag – Konstruktiv streiten lernen.* In: hiba Weiterbildung, Bd. 10/54. Heidelberg: Heidelberger Institut Beruf und Arbeit hiba GmbH (Hg.) 1999

Gaßner, Holznagel & Lahl: *Mediation – Verhandlungen als Mittel der Konsensfindung bei Umweltstreitigkeiten.* Bonn: Economia Verlag 1992

Hagedorn, O.: *Unterrichtsideen. Konfliktlotsen.* Stuttgart: Klett-Cotta 1994

Haynes, J.M., Bastine, R.H.E. & Link, G.: *Scheidung ohne Verlierer.* München: Kösel 1993

Kerndtke, W.: *Mediation als Organisationsentwicklung. Mit Konflikten arbeiten – ein Leitfaden für Führungskräfte.* Bern: Haupt 2004

Krabbe, H. (Hg.): *Scheidung ohne Richter.* Reinbek: rororo TB 1992

Kraus, M.H.: *Mediation – wie geht denn das? Ein Praxis-Handbuch für außergerichtliche Streitbeilegung.* Paderborn: Junfermann 2005

Mähler, H.-G. & G., Duss-von Werdt, J.: *Faire Scheidung durch Mediation.* München: Gräfe und Unzer 1994

Ponschab, R. & Schweizer, A.: *Die Streitzeit ist vorbei! Wie Sie mit Wirtschaftsmediation schnell, effizient und kostengünstig Konflikte lösen.* Paderborn: Junfermann 2004

Pühl, H. (Hg.): *Mediation in Organisationen.* Berlin: Ulrich Leutner Verlag 2003

Risto, K.-H.: *Konflikte lösen mit System. Mediation mit Methoden der Transaktionsanalyse.* Paderborn: Junfermann 2003

Spektrum der Mediation. Fachzeitschrift des Bundesverbandes Mediation

Strempel, D.: *Mediation für die Praxis – Recht – Verfahren – Trends.* Berlin: Haufe 1998

Weckert, A. & Oboth, M.: *Mediation für Dummies.* Weinheim: Wiley-VCH 2011

Weckert, A.; Bähner, Ch.; Oboth, M. & Schmidt, J.: *Praxis der Gruppen- u. Teammediation.* Buch und DVD. Paderborn: Junfermann 2011

Wittschier, B.M.: *30 Minuten für erfolgreiche Mediation im Unternehmen.* Offenbach: Gabal 2002

Zilleßen, H. (Hg.): *Mediation – Kooperatives Konfliktmanagement in der Umweltpolitik.* Wiesbaden: Westdeutscher Verlag 1998

Konfliktmanagement:

Bach, G. & Wyden, P.: *Streiten verbindet.* Frankfurt/M.: Fischer TB 1990

Conrad, B., Jacob, B. & Schneider, P.: *Konflikt-Transformation. Konflikte werden gelöst – Unterschiede bleiben bestehen.* Paderborn: Junfermann 2003

Creighton, J.L.: *Schlag nicht die Türe zu! Konflikte aushalten lernen.* Reinbek: Rowohlt 1992

Fischer, R. & Brown, S.: *Gute Beziehungen – Die Kunst der Konfliktvermeidung, Konfliktlösung und Kooperation.* Frankfurt/M.: Campus 1988

Glasl, F.: *Konfliktmanagement – Ein Handbuch für Führungskräfte und Berater.* Bern: Haupt 1990

Glasl, F.: *Selbsthilfe in Konflikten, Konzepte, Übungen.* Bern: Haupt 1998

Gordon, T.: *Familienkonferenz. Die Lösung von Konflikten zwischen Eltern und Kind.* Hamburg: Hoffmann und Campe 1972

Mager, K.: *Faires Streiten – Lebendige Partnerschaft.* München: Gräfe und Unzer 1994

Pöhlmann, S. & Roethe, A.: *Die Streitschule. Trainieren Sie Ihre Kommunikations- und Konfliktfähigkeit.* Paderborn: Junfermann 2001

Rhode, R., Meis, M.S. & Bongartz, R.: *Angriff ist die schlechteste Verteidigung. Der Weg zur kooperativen Konfliktbewältigung.* Paderborn: Junfermann 2003

Schulz von Thun, F., Ruppel, J. & Stratmann, R.: *Miteinander reden. Kommunikationspsychologie für Führungskräfte.* Reinbek: Rowohlt 2000

Schulz von Thun, F.: *Das innere Team in Aktion.* Reinbek: Rowohlt 2004

Schulz von Thun, F.: *Miteinander reden.* Bd. I, II, III. Reinbek: Rowohlt 2001

Thomann, C. & Schulz von Thun, F.: *Klärungshilfe: Konflikte im Beruf.* Reinbek: Rowohlt 2003

Thomann, C.: *Klärungshilfe: Konflikte im Beruf – 2 Methoden und Modelle klärender Gespräche bei gestörter Zusammenarbeit.* Reinbek: Rowohlt 2004

Walker, J.: *Gewaltfreier Umgang mit Konflikten in der Sekundarstufe I – Spiele und Übungen.* Berlin: Cornelsen 1995

Walker, J.: *Gewaltfreier Umgang mit Konflikten.* Berlin: Cornelsen 1995

Walker, J.: *Grundlagen und dialektisches Konzept – Spiele und Übungen für die Klassen 1 – 4.* Berlin: Cornelsen 1995

Zeitschrift für Konfliktmanagement. Köln: Dr. Otto Schmidt Verlag

Gewaltfreie Kommunikation nach M. B. Rosenberg (GFK):

Holler, I.: *Trainingsbuch Gewaltfreie Kommunikation.* Paderborn: Junfermann 2003

Klein, S. & Gibson, N.: *Was macht die wütend? 10 Schritte zur Transformation von Ärger, durch die alle gewinnen können.* Paderborn: Junfermann 2004

Leu, L.: *Gewaltfreie Kommunikation – das 13-Wochen-Übungsprogramm.* Paderborn: Junfermann 2005

Pásztor, S. & Gens, K.-D.: *Ich höre was, das du nicht sagst. Gewaltfreie Kommunikation in Beziehungen.* Paderborn: Junfermann 2004

Pásztor, S. & Gens, K.-D.: *Mach doch, was du willst. Gewaltfreie Kommunikation am Arbeitsplatz.* Paderborn: Junfermann 2005

Rosenberg, M.B.: *Gewaltfreie Kommunikation. Eine Sprache des Lebens.* Paderborn: Junfermann 2004

Rosenberg, M.B.: *Erziehung, die das Leben bereichert. Wie GFK im Schulalltag dazu beiträgt, die Leistungsfähigkeit zu verbessern und Konfliktpotential abzubauen.* Paderborn: Junfermann 2004

Rosenberg, M.B.: *Konflikte lösen mit der Gewaltfreien Kommunikation.* Ein Gespräch mit Gabriele Seils. Freiburg: Herder 2004

Rosenberg, M.B.: *Das Herz gesellschaftlicher Veränderung. Wie Sie Ihre Welt entscheidend umgestalten können.* Paderborn: Junfermann 2004

Rosenberg, M.B.: *Das können wir klären! Wie man Konflikte friedlich und wirksam lösen kann.* Paderborn: Junfermann 2004

Rosenberg, M.B.: *Den Schmerz überwinden, der zwischen uns steht. Wie Heilung und Versöhnung gelingen, ohne faule Kompromisse einzugehen.* Paderborn: Junfermann 2005

Rosenberg, M.B.: *Kinder einfühlend unterrichten. Wie Schüler und Lehrer durch gegenseitiges Verständnis Erfolg haben können.* Paderborn: Junfermann 2005

Veränderungsprozesse in Organisationen:

Doppler, K. & Lauterburg, C.: *Change Management – Den Unternehmenswandel gestalten.* Frankfurt/M.: Campus 1997

Fatzer, G. (Hg.): *Organisationsentwicklung und Supervision: Erfolgsfaktoren bei Veränderungsprozessen.* Köln: Edition Humanistische Psychologie 1996

Verhandlung:

Fisher, R. & Ury, W.L.: *Das Harvard – Konzept: sachgerecht verhandeln – erfolgreich verhandeln.* Frankfurt/M.: Campus 2002

Knapp, P. & Novak A.: *Effizientes Verhandeln – Konstruktive Verhandlungstechniken in der täglichen Praxis.* Heidelberg: Sauer Verlag 2003

Ury, W.L.: *Schwierige Verhandlungen – Wie Sie sich mit unangenehmen Kontrahenten vorteilhaft einigen.* Frankfurt/M.: Campus 1992

Aufstellungsarbeit:

Hellinger, B.: *Ordnungen der Liebe.* Heidelberg: Carl Auer 1994

Sparrer, I.: *Wunder, Lösung und System.* Heidelberg: Carl Auer 2002

Weber, G.: *Zweierlei Glück.* Heidelberg: Carl Auer 1993

Prozessorientierte Psychologie (POP):

Mindell, A.: *Der Leib und die Träume. Prozeßorientierte Psychologie in der Praxis.* Paderborn: Junfermann 1987

Mindell, A.: *The Leader as Martial Artist – An Introduction to Deep Democracy.* San Francisco: Harper 1992

Mindell, A. & A.: *Das Pferd rückwärts reiten – Prozeßarbeit in Theorie und Praxis.* Petersberg: Via Nova 1997

Umgang mit eigener Co-Abhängigkeit, Projektionen und persönlichem Wachstum:

Asanger, R. & Wenninger, G.: *Handwörterbuch Psychologie.* Weinheim: Beltz/PVU

Bach, G. & Goldberg, H.: *Keine Angst vor Aggressionen.* Frankfurt/M.: Fischer TB 1981

Chödrön, P.: *Wenn alles zusammenbricht. Hilfestellung in schwierigen Zeiten.* München: Goldmann 2001

Kast, V.: *Der Schatten in uns.* München: dtv 2000

Mueller, W.: *Legacy of the Heart. The Spiritual Advantages of a Painful Childhood.* New York: Fireside 1993

Rogers, C.: *Entwicklung der Persönlichkeit.* Stuttgart: Klett-Cotta 1979

Thich Nhat Hanh: *Die Kunst des glücklichen Lebens.* Berlin: Theseus 2001

Wilson Schaef, A.: *Coabhängigkeit – Die Sucht hinter der Sucht.* München: Heyne 1986

Moderation / Arbeit mit Gruppen:

de Bono, E.: *Serious Creativity: Die Entwicklung neuer Ideen durch die Kraft lateralen Denkens.* Stuttgart: Schäffer-Poeschel 1996

Gamber, P.: *Ideen finden, Probleme lösen – Methoden, Tips und Übungen für einzelne und Gruppen.* Weinheim: Beltz 1996

Lahninger, P.: *Leiten, präsentieren, moderieren: lebendig und kreativ, Arbeits- und Methodenbuch für Teamentwicklung und qualifizierte Aus- und Weiterbildung.* Münster: Ökotopia 1998

Lipp, U. & Will, H.: *Das große Workshop-Buch. Konzeption, Inszenierung und Moderation von Klausuren, Besprechungen und Seminaren.* Weinheim: Beltz 1996

Rabenstein, R., Reichel, R. & Thanhoffer, M.: *Das Methodenset: 5 Bücher für Referenten und Seminarleiterinnen.* Linz: Arbeitsgemeinschaft für Gruppenberatung (Hg.) 1993

Reidlich, A.: *Potential Konflikte. Ein Seminarkonzept zur Konfliktmoderation und Mediation für Trainer und Lerngruppen (Moderation in der Praxis Bd. 7).* Hamburg: Windmühle Verlag 2000

Schulz von Thun, F.: *Praxisberatung in Gruppen.* Weinheim: Beltz 2003

Seifert, J.W.: *Besprechungsmoderation.* Offenbach: Gabal 1994

Seifert, J.W.: *Moderation und Kommunikation.* Offenbach: Gabal 1999

Seifert, J.W.: *Visualisieren, Präsentieren, Moderieren.* Offenbach: Gabal 1999

Stahl, E.: *Dynamik in Gruppen. Handbuch der Gruppenleitung.* Weinheim: Beltz 2002

Systemtheorie und -beratung:

Burla, S., Alioth, A., Frei, F. & Müller, W.R.: *Die Erfindung von Führung. Vom Mythos der Machbarkeit in der Führungsausbildung.* Zürich: vdf Hochschulverlag AG an der ETH Zürich 1995

Erb, K.: *Die Ordnungen des Erfolgs.* München: Kösel 2001

Grochowiak, K. & Castella, J.: *Systemdynamische Organisationsberatung.* Heidelberg: Carl Auer 2002

Häfele, W.: *Systemische Organisationsentwicklung.* Europäische Hochschulschriften. Berlin: Peter Lang 1996

Hennig, G. & Peltz, G.: *Transaktionsanalyse. Lehrbuch für Therapie und Beratung.* Paderborn: Junfermann 2002

Kiss, G.: *Grundzüge und Entwicklung der Luhmannschen Systemtheorie.* Stuttgart: Enke 1990

König, E. & Vollmer, G.: *Systemische Organisationsberatung. Grundlagen und Methoden.* Weinheim: Deutscher Studien Verlag 1997

Mingers, S.: *Systemische Organisationsberatung.* Frankfurt/M.: Campus 1996

Saldern von, M.: *Grundlagen systemischer Organisationsentwicklung* (Bd. 2). Baltmannsweiler: Schneider Verlag Hohengehren 1998

Schlippe von, A. & Schweitzer, J.: *Lehrbuch der Systemischen Therapie und Beratung.* Göttingen: Vandenhoeck & Ruprecht 1998

Sparrer, I.: *Wunder. Lösung und System. Lösungsfokussierte Systemische Strukturaufstellungen für Therapie und Organisationsberatung.* Heidelberg: Carl Auer 2004

Weber, G. (Hg.): *Praxis der Organisationsaufstellungen. Grundlagen, Prinzipien, Anwendungsbereiche.* Heidelberg: Carl Auer 2000